领导力培养与提升方法研究

张　舵◎著

中国原子能出版社

图书在版编目（CIP）数据

领导力培养与提升方法研究 / 张舵著. -- 北京 ：中国原子能出版社， 2022.9

ISBN 978-7-5221-2141-3

Ⅰ. ①领… Ⅱ. ①张… Ⅲ. ①领导学 Ⅳ. ① C933

中国版本图书馆 CIP 数据核字（2022）第 172225 号

领导力培养与提升方法研究

出版发行 中国原子能出版社（北京市海淀区阜成路 43 号 100048）

责任编辑 杨晓宇

责任印制 赵 明

印　　刷 北京天恒嘉业印刷有限公司

经　　销 全国新华书店

开　　本 787 mm×1092 mm 1/16

印　　张 12.25

字　　数 206 千字

版　　次 2022 年 9 月第 1 版 2022 年 9 月第 1 次印刷

标准书号 ISBN 978-7-5221-2141-3 **定　价** 72.00 元

前言

领导科学研究告诉我们，组织发展与领导力提升并不是同步的。组织规模扩大，并不意味着领导力随之提升。组织规模小，并不代表没有强大领导力。有的组织诞生时规模很小，但能够逐渐壮大，关键就在于其具有强大的领导力。那么，领导力究竟是什么？以往人们通常把领导力等同于权力，认为有权力就有领导力。这种观点至今还停留在一些人的头脑中，限制了人们探索提升领导力的视野。领导力与权力确实有密切关系，但绝不是对等关系，有权力未必就有领导力，否则就难以解释个别领导“有权无威”甚至“众叛亲离”的现象。领导科学研究表明，重视个体领导力对于加强和改善企业的领导同样至关重要。因为组织领导力最终要具体落实到领导干部的行为中，如果各级领导干部缺乏领导力所必需的知识、能力、品质以及积极行为表现等，组织领导力就会失去来源，组织就会变得软弱无力。可以说，领导干部的领导力直接决定着整个企业的领导力。领导力的缺失，很大程度上是因为领导干部领导力的缺失。

本书第一章为领导力概述，分别介绍了领导力的概念、领导力的要素、领导力的法则和领导力的误区四部分内容；本书第二章为领导力与个人修养，分别讲述了领导者的自我认知、领导者的学习能力和领导者的人格魅力三部分内容；本书第三章为领导力与心理学，分别讲述了领导者的心理素质、领导者的沟通素质、领导者的激励素质和领导者的识人素质四部分内容；本书第四章为领导力与团队管理，分别介绍了领导力与权力、领导团队建设、领导团队执行和领导团队成长四部分内容；本书第五章为领导力的培养提升，分别讲述了组织能力、服务能力、思维能力和个人信仰四部分内容。

撰写本书的过程中，作者得到了许多专家学者的帮助和指导，参考了大量的学术文献，在此表示真诚的感谢！

限于作者水平有限，加之时间仓促，本书难免存在一些疏漏，在此，恳请同行专家和读者朋友批评指正！

作者

目录

第一章　领导力概述

本章主要为领导力概述部分，主要从四个方面进行展开论述，分别为领导力的概念、领导力的要素、领导力的法则和领导力的误区，其中，领导力的要素又分为领导力的构成要素和领导力的影响要素两部分来展开阐述。

第一节　领导力的概念

领导力这一概念虚无缥缈，却又非常明确地存在于每个人心中，对于领导力，很难对其下一个准确的定义。本尼斯是美国当代组织理论与领导理论大师，他曾经做了一个统计，在现有书籍中，关于领导力的定义已经超过了 650 个。

一、对于领导力理解的代表性观点

（一）愿景式领导力

愿景式领导力的观点是，每一位领导者之所以成功，就是因为他们作为实用主义梦想家，都有着对未来的期盼。

本尼斯就是愿景式领导力的代表人物，他认为："除了是一个有说服力且能够被人相信的愿景，领导力还具备将自身愿景转化为组织现实的能力。"[①]

还有两个愿景式领导力的代表人物，分别为斯蒂芬·P·罗宾斯与蒂莫西·A·贾奇，他们对于领导力的定义是"一种能够影响一个群体实现愿景或目标的能力。"[②]

① 沃伦·本尼斯．重塑领导力 [M]．方海萍，等译．北京：中国人民大学出版社，2008.

② 斯蒂芬·P·罗宾斯，蒂莫西·A·贾奇．组织行为学 [M]．李原、孙健敏，译．北京：中国人民大学出版社，2008.

（二）影响式领导力

领导力作为一种特殊的人际影响力，或多或少地都能够在每一个人的身上体现出来，当然，没有经过挖掘与培养的领导力只是一种潜在的与现实的领导力，而这些领导力经过后天培养之后，就可能变得非常卓越。现如今，影响式领导力是全世界范围内最风靡的观点。

约翰·麦克斯威尔（John Maxwell）是美国著名的领导力大师，其出版的著作《领导力 21 法则》被译为多种语言在全世界畅销。书中提出："衡量领导力的真正尺度是影响力。"[①] 彼得·诺斯豪斯是美国著名的沟通交流学教授，他认为："领导就是个体影响一群个体实现共同目标的一个过程。"[②]

影响式领导力的代表人物钱门（Elwood N.Chapman）与奥尼尔（Sharon Lund O'neil）共同出版了著作《卓有成效的领导者》（第 3 版），其中，他们认为，领导力就是一个人影响另一些人实现具有挑战性目标的能力。

"领导力（Leadership）作为一种影响力（Influence），其核心是品质（Character）。在品质中，有四种最为重要，分别是责任感、诚信、意志力与自信心。"这是影响式领导力又一位代表人物——美国福坦莫大学商学院副院长杨壮的观点[③]。

（三）情境式领导力

情境式领导力认为，领导者只有将被领导者的能力与具体的领导情境作为领导方式的调整依据，才能在一定条件下将自己的领导力真正发挥出来。

保罗·赫塞（Paul Hersey）是美国领导力发展中心的创始人，拥有博士学位的他曾指出："领导力就是一个人对他人产生了一种影响，这种影响会使得他人做自己平时不会做的事情。"[④]《情境领导》这本教科书是保罗·赫塞（Paul Hersey）于 1969 年编著的，在这本书中，他第一个提出了"情境领导模型"理论，在这

① （美）约翰·麦克斯韦尔．领导力 21 法则 [M]. 北京：中国青年出版社，2010.01.

② 彼得·诺斯豪斯．领导学：理论与实践 [M]. 吴荣先，等译．南京：江苏教育出版社，2002.

③ 杨壮．领导力就是影响力，影响力就是品格——再论西点军校领导力培训 [J]. 商务周刊，2006（15）：90-91.

④ 李林，童新洪．基于项目绩效的领导力模型 [J]. 现代管理科学，2005（9）：65-67.

个理论中，他认为人在不同的情境中会出现不同的领导风格，而特定的领导风格只能在特定的情境下才能产生最优的效果。

中国科学院于21世纪初成立了“科技领导力研究”课题组，这个课题组对领导力研究之后提出了一个观点：“领导力是领导者在特定的情境中吸引和影响被领导者与利益相关者并持续实现群体或组织目标的能力。”[①]

（四）激励式领导力

激励式领导力的观点是，激励下属是一个领导具有良好领导力的必备条件，领导为了实现组织目标，就要努力提高下属的满意度与下属的工作绩效。

在激励式领导力中，也有很多代表人物，安德鲁·J·杜伯林就是其中之一。他认为，领导之所以能够成为领导，是因为领导具有激发组织成员信心、带领成员实现组织目标的能力[②]。在美国学者巴里·波斯纳（Posner）与詹姆斯·库泽斯（Kouzes）合著的图书《领导力》中，他们认为：“领导力，是领导者如何激励他人自愿地在组织中做出卓越成就的能力。”[③]

史蒂芬·柯维（StePhen R.Covey）是柯维领导中心的创始人，他曾发表著作《高效能人士的第八个习惯》，其中提出，高效能人士与卓越的领导者之间只差一个习惯，那就是在寻找自己心声的同时激励他人去寻找他们自己的心声。在帮助他人寻找自己的心声时，领导者要做到以下几点：第一，以身作则（Modeling），这是指要为下属树立榜样；第二，探索航向（Path finding），是指将自身使命与客户需求相结合，把握未来发展方向；第三，整合体系（Aligning），这是指要在工作场景中建立一个技术完善的体系；第四，充分授权（EmPowering），领导者要学会在工作场景中为下属创造价值情绪，以此来激励下属为取得优秀的工作成果努力奋斗。

（五）系统式领导力

在系统式领导力的观点中，领导是一个系统，而领导力作为综合能力要素的

① 中国科学院“科技领导力研究”课题组．领导力五力模型研究[J]．领导科学，2006（9）：20-23．

② 安德鲁·J·杜伯林．领导力[M]．王垒，译．北京：中国市场出版社，2006.

③ 詹姆斯·库泽斯，巴里·波斯纳．领导力[M]．北京：电子工业出版社，2004.

组合，要求领导者自身必须具备。

丹尼尔·皮诺是德国著名的领导力学院院长，其在21世纪初出版了《领导力——核心揭秘》一书，在这本书中，丹尼尔·皮诺认为：“系统领导是关系导向的、和发展有关的、开放的、实用的，它联系领导者和领导方法、实物层面和关系层面、硬因素和软因素、心理学和企业经济学，构造一个其他人都愿意听从你的世界。”①

中国科学院成立的“科技领导力研究”课题组认为，领导力是一个能力要素的综合体，其中包括前瞻力、感召力、影响力、决策力与控制力等。

2011年，郭术兵、荣梅共同发表了实证研究，他们认为：“一个人要想能够被称作是领导者，必须要具有成就动机、道德品质、个性特质、思维能力、洞察能力、决策能力、执行力、创新能力、学习能力、沟通协调能力、管控能力、凝聚力与影响力，这是一个人具有领导力所必备的领导素质与能力。”②

二、领导力的基本概念

西方学者在早些时候就提出了“领导力”这个概念，在此基础上，学者开始了对领导力的研究。我们在《辞海》中也能够找到一些“领导”的基本概念——第一，领导是带领一群人朝着同一个目标前进的人；第二，领导是在一个团队中起带头作用的人；第三，领导也可以被看作是一个领导机关。因此我们可以简要总结出领导的定义，即领导是指带领团队实现既定目标的过程。领导的本质是一种领导者与追随者之间的人际关系，而领导力是基于领导来说的，它是一种特殊的人际影响力，在这种人际关系中，人们的互动非常积极，交往目的也非常明确，如果一个人具备了领导力，那么我们就可以推断他有能够在人际交往过程中影响与改变他人心理与行为的能力。一个人身上具备领导力，并不意味着强迫他人无条件服从，而是领导人要以自身的行为感染、激励人们，让他们能够朝着同一个目标努力。鲍威尔（Colin Powell）是美国第65任国务卿，他对领导力的理解

① “中国科学院科技领导力研究”课题组.领导力五力模型研究[J].领导科学，2006（9）：20-23.

② 郭术兵、荣梅.“内方外圆”领导力模型实证研究——以山东烟草企业为例[J].东岳论丛，2011（7）：186-188.

是，领导力是一门能够完成许多管理科学认为不可能事情的艺术。基辛格（Henry Alfred Kissinger）博士是美国著名的外交家、美国前国务卿，他说："领导就是要让他的人们，从他们现在的地方，带领他们去还没有去过的地方。"

职位领导力与非职位领导力是领导力的两种分类，职位领导力与非职位领导力相比，具有法定性、强制性与不可抗拒性。在职位领导力中，当干部成长到一定阶段，组织就会综合考虑干部的资历与资格，以此为依据为干部赋予一定的职务、地位与权力。而非职位领导力是指个体自身具有良好的品德、才能、学识与情感，这些共同构成了个体的综合素质，使个体可以通过这些因素潜移默化地影响他人，让他人能够自觉自发地团结在自己周围。职位领导力与干部本人的素质条件的优劣并没有很大关系，职位领导力只会跟随职务的变化而变化；而非职位领导力与职务无关，它是一种在人的内心建立起来的、自觉自发形成的长远的力量。因此，职位领导力与非职位领导力相比，具有短暂性与被动性。领导干部在我国经济社会飞速发展的背景下，要将非职位领导力放在与职位领导力同等重要的地位，这样才能更好地构建和谐组织与和谐团队，也更能够体现科学领导观。

三、领导力的需求与培养

（一）为什么需要领导力

在前述文章中，我们对许多伟人关于领导力的概念都做了梳理，从他们越来越复杂的描述中，我们可以得到更加清晰的领导力形象。而对于领导力，要想获得更加详细的解释，我们就要对领导的"目的"加以分析。

领导力对于许多人都有着莫名的吸引力，这是因为在他们的意识里，领导力可以为他们带来权力、控制力、自信与能够享受服务的待遇。但他们却并没有意识到，有权利就一定有义务，在享受领导力为他们带来的便利的同时，他们也要做到为他人授予权力、帮助他人解决问题、服务他人等事情。

当一个领导者开始带领他人创造新事物时，领导者就赋予了比这件事本身更重要的意义。沃伦·本尼斯是美国著名的领导理论大师，曾是四任总统的顾问团成员，他曾梦想要出版一本"为了更美好的未来而打破现状"的书。海瑞姆·史密斯也曾说："领导者引领对现状的有计划的抗争。"

雷蒙·克罗克创造麦当劳的故事就能够很好地对这点进行佐证。1954 年，克罗克在一家小型的快餐店观察到了一种非常高效的运营模式，于是他开始试图在整个美国推行这种快餐店，并于 1955 年将第一家连锁店成功创办起来。这个故事将吉姆·柯林斯发表的《从优秀到卓越》一书中提到的"伟大领导者的雄心超出了他们的个人私利"体现得淋漓尽致。在这些伟大的领导者心中，个人的成功并不能成为骄傲的资本，他们会将更多的心思放在发展自身事业方面。刚开始接触快餐经营的克罗克与麦当劳兄弟建立起友好的合作伙伴关系，但不久后他就发现他与麦当劳兄弟的愿景并不同步，于是，从购买使用权到买断整个麦当劳，克罗克的野心与对于事业发展的愿景也越来越庞大。因此，我们可以发现，对现状心存不满是驱动领导力的最主要原因，一旦一个人展示出了自身的领导力，那么他就会将事物的发展引领到一个前途更光明的方向，这就是通常所说的"创造差异"。领导者的目光比一般人更长远，因此，领导者也会根据愿景对不同的人做出不同的安排。美国作家乔治·巴纳曾说："（领导者）必须完全地拥有自己的愿景。愿景必须建立在领导者对即将到来的现实的感知基础之上。"作为领导者，要学会挖掘并推动事物的发展。领导者会由于自身的使命感与责任感，以及对现状不满与向往未来愿景发挥出自身的影响力。罗斯福曾说："我们需要的领导者是有灵感的理想主义者，他们有着伟大的愿景，敢于梦想而且能努力使梦想成真；他们能用灵魂中燃烧着的熊熊烈火点燃人们的激情。"这就是领导的本质。

（二）领导力的培养

那么，怎样获得领导力呢？这个问题有一个非常重要的前提；领导力可以通过后天的努力获得。有人说，领导者是天生的，他们有着与生俱来的能力。在一定程度上确实如此。但也有人说，领导力是可以学会的。事实上，任何人都可以在他目前的水平上进一步发展他的领导力，正如人体肌肉可以得到强健与发展。确实有些人天生就拥有比其他人更好的身体素质，但通过锻炼和强健肌肉，每个人都有潜力改变先天体质。不管是大是小，是强是弱，每个人都可以努力改善他的状况。

因此，领导力的培养也是同样的道理，人们先天都或多或少地具有领导潜力，通过后天的培养能够有效地增强自身领导力。除此之外，个人能力与自身的努力程度也密切相关。我们在看一个人是否具备领导力时，不能仅仅看这个人在某一个领域中的表现，而是要全面、综合地看待。每个人都可以是自己擅长领域的领导者，因此，我们可以推断出，如果个体在某个特定领域具备领导力，那么这个个体一定在这个领域内具备一些天生的能力。即使有一部分个体的领导力完全是靠后天培养出来的，也不能否认大部分人都或多或少具备先天的能力。在库泽斯与波斯纳合著的《领导力》一书中，他们说："我们一再发现，领导力并不是一些富有魅力的男士和女士的私人储备。领导力是一个过程，一般人使用时会给自己和其他人带来最好的结果。我们发现，通过释放领导力，人们做出了不平凡的事情。"[①] 因此，无论是男士还是女士，都有资格、有权利对自己自身的领导力进行挖掘与培育。我们应该对领导力有一个正确的认识，即领导力虽然天生就存在，但必须要经过开发才能使其绽放出最耀眼的光芒。我们在发展领导力时要经过慎重的思考，在开发领导力时也要选择自身有兴趣的领域。"树上的果实"首先就是由能够触碰得到的人得到的，因此，领导者要想做一个率先进行培训并通过培训获得成长的人，就应该仔细观察果实的位置，并虚心向手中已经掌握果实的人学习。

因此，个体无论成功与否，他们自身的领导力都是能够发展的，而且必须发展，这对于成为一个领导者是一条必经之路。

四、领导力的显著特征

领导力是以目标驱动的主动行为，与发展理念、目标愿景、价值功能、情感体验等因素密切相关，呈现出以下显著特征。

（一）目标引领是动力特征

"大雁南飞头雁领"，这个"头雁"如果比喻为领导者的话，往哪里"飞"，"领"至关重要。目标就是方向，信仰就是希望。目标、信仰是领导成功的保证，没有信仰的领导者是失去信任、精神空虚、容易丢失灵魂的人。在领导力的发展过程中，

① 詹姆斯・M・库泽斯，巴里・Z・波斯纳 . 领导力 [M]. 北京：电子工业出版社，2009.

以下三点至关重要。第一，要明确组织的发展方向，并坚定地加以领导。在一个组织发展的过程中，拥有正确的发展方向无疑是重中之重，只有这样才能掌握领导力面对的核心问题，即组织从哪里来，要到哪里去，要在领导下达到何种状态等等。第二，领导力的建设是组织领导的必然要求，在建设领导力时，必须从思想、组织、作风与制度等方面着手。领导力必须要具备的能力就是行动，假若只能领导而不能行动，那么领导者失去追随者只是时间问题。第三，领导要以身作则，坚持原则。领导应该对组织原则利益高度认同，并且积极维护，这才是具备领导力的具体体现。

（二）价值作用是功能特征

在领导力的各种特征中，领导的价值作用是最突出的表现。领导的价值作用通常从以下三个方面体现出来。首先，领导能够激发并提高被领导者的积极主动性，这体现在被领导者能够主动接受与执行分配给自己的组织目标。被领导者的个人目标与组织目标存在统一性，两者的统一性越高，个体也会存在更为积极的行为；二者的统一程度越低，个体就会产生较为消极的行为，甚至产生对抗心理。将实现组织目标与满足被领导者的需要相统一，这就是领导所需要做到的事情，为了达成这一目标，增强被领导者对组织目标的感受性，领导者就要创造一种能够使被领导者主动自觉接受与执行组织目标的有利环境。其次，领导要最大程度激发被领导者的热情，以此来更有效率地实现组织目标。领导者要学会在时机恰当的时候满足被领导者的物质与心理需要，这是领导力发挥激励功能的最主要途径。领导者要在领导过程中充分尊重被领导者。最后，领导者要能够有效提升被领导者的行为效率。被领导者的行为效率能够判断领导激励功能的优劣，其能够表明被领导者为实现组织目标所做出的努力。被领导者的行为效率包括其是否具备接受与执行目标的自觉性，以及是否存在实现组织目标的热情，但需要明确的一点是，这些因素并不是被领导者的有效行为，而仅仅是为行为的有效性提供了前提条件。要想将行为效率中的行为变成有效行为，还要从被领导者的需要结构、知识技能、组织内人际关系、规章指数、领导作风与方式等方面着手。采取措施鼓励被领导者自学成才、为被领导者提供公平的能够展现个人才华的环境心理激励，有利于在一定程度上提高被领导者的行为效率，这就是领导的重要功能。

（三）动态过程是发展特征

领导力的发展是一个由领导者、被领导者以及环境因素构成的动态过程，在这三个因素中，无论变换哪一种因素，都会导致领导力发生状态上的变化。

领导者在与下属形成互动时，其实就是在展现自己的领导影响力。这种互动过程能够在树立领导影响力的同时使系统更加有序，合理调节子系统之间存在的竞争与合作关系。领导力并不是只由领导者的个人素质决定的，而是产生于领导者与下属的相互作用中，领导力是由群体共同努力的结果。有人说，只有存在“一流的追随者”，领导者才能够成为一名优秀的领导者。由此可见，一个好的领导者，身后必然会存在许多追随者，追随者与下属不同，他们对于领导非常坚定。一个领导者绩效的高低取决于追随者的数量多少与质量优劣，无论领导者有多少精明决策，如果没有追随者帮助其实现，那么也只是纸上谈兵，优秀的领导意图也只能是永远无法实现的蓝图。因此，没有坚定追随者的领导者就像是“光杆司令”一样，只能孤芳自赏。另外追随者的工作情况以及追随者的满意程度能使领导者转换自己的领导风格。例如，组织偶然会因为追随者的工作情况而给予领导者一定程度的奖赏，在这样的组织中，领导者可能对工作成就高的追随者表现出更积极的态度。可以预期，当一个人的行为能对他人产生积极的援助作用时，作为回报，他也会得到其他人的报答。另一个更深入的预期是，追随者较差的工作表现会导致领导者为提高追随者的工作表现或者为表达自己的不赞成而对他们更加严格，在领导方式上，这会表现为减少体恤而增加建构。相反，对工作成就高的追随者，可以预料领导者不太需要建构，并因此而减少建构活动。此外，在某种程度上，追随者对工作满意的表达，被认为对领导者具有援助作用，因而可以预期领导者会采取更多的体恤行为。因此，在体恤和追随者的工作表现之间具有很强的相关性，追随者的工作情况导致领导者看重体恤。领导者可能对工作情况良好的追随者予以积极的增援，表示自己的支持和赞成；而对工作情况差的追随者予以消极的增援，并较少体恤。同时，体恤导致追随者满意程度的相关系数也是很高的，这表明，领导者对体恤的看重构成了追随者满意程度的诸多原因之一。

第二节　领导力的要素

一、领导力的构成要素

如图 1-2-1 所示，领导过程、领导知识、领导行为、领导能力与领导情境等要素构成了一个完整的领导力体系，为人们厘清领导力诸要素的关系提供了帮助。第一圈层是领导力的核心层——领导过程（也叫领导实践），而领导过程通常是由第二圈层中一个个的领导行为构成的；第二圈层中的领导能力、领导行为与领导知识产生于领导过程中，在这三者之中，它们相互作用，作为关键点的领导能力，能够决定领导行为质量的高低与效果的显著与否，领导知识来源于领导行为，作为领导能力的元素与基础存在于第二圈层中；第三圈层是领导情境，这是一种环境因素，其能够尽可能地保证领导过程正常运转，作为第二圈层中各要素形成与发展的基础，领导情境对个体领导力的形成与发展起着不可或缺的作用。

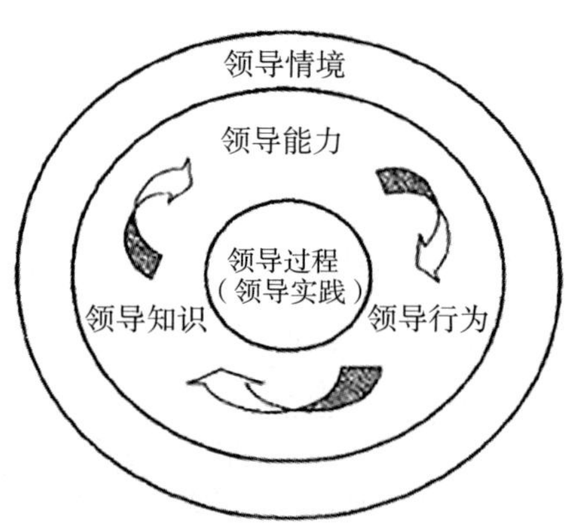

图 1-2-1　领导力概念链

通过上述分析我们可以得知，领导力在整个概念链中是作为桥梁存在的。领导者在培养自身领导力时，要注重对于领导知识的整合，通过领导实践将自身的领导知识上升为自身的领导力，同时，也要能够使用领导行为应用自身的领导能力，这样才能将群体或组织的目标及其实现过程按照预想的轨道发展。在之前，因为并不重视领导力，我国对于领导学的研究主要就是对领导行为进行研究，但随着时代的发展，人们逐步意识到了领导力的重要性，因而现如今大多数的研究重心都已经偏向了对于领导力的研究。领导力对于群体或组织目标的实现以及领导过程的顺畅运行起着非常大的促进作用，能够决定领导者领导行为的内在力量。

其中，领导者的四个角色能够将领导力特征通过技巧和知识运用到实践中，从而带领企业走向成功。在形式上，他们需要扮演不同的角色。下表所列的四个角色相互补充，比如：理念家关注方向，战术家制定达到目标的方案，协调家既考虑团队也考虑股东，贡献家的角色让被领导者确保自己的才智被发挥出来。伟大的领袖能有效地把这四个角色平衡协调，并将它们完全与领导人特质统一起来。如表 1-2-1 所示。

表 1-2-1　领导者的四个角色

理念家	战略家	协调家	贡献家
通过建立、传达鲜明的观点和战略来指导组织和个体的成长	确保商业目标实现	创造协作的环境以确保有效的工作关系	为组织成功而贡献个人才智、经验和能力
关键能力			
创造可供分享的观点和战略，传达和矫正组织的战略，领导组织变革，了解消费者和竞争对手的市场，规划和支持组织和员工的成长，激励员工和股东	规划工作步骤和目标，考察组织和员工业绩，指导工作进程和目标，改善工作系统和流程，调整工作步骤	交际能力，处理冲突的能力、有效的沟通能力、协调和建立团队，谈判能力和影响力	解决问题作出界定的能力，有商业头脑创造力和创新力。个人发展能力

二、领导力的影响要素

领导力水平由多种因素组成，其形成与发挥取决于领导者自身具备怎样的信念与心态。

（一）激情

在人的性格与情绪中，激情是一种非常常见的状态，如果一个人能够在困难来临时不退缩，那么就可以断定，这个人是一个在生活中充满激情的人。这些人的日常或许与周围的人没有什么太大的差别，但只有他们自己心里知道，他们对自己的未来有着怎样的人生规划以及怎样才能坚定目标，走向最终的成功。归根结底，人们的激情产生于人们对一件事物的热烈追求，只有人们全心全意地做一件自己关心的事情，才会对这件事情投入百分百的精力。人们可以实际感受到内心的激情，处于激情状态下，人们会情不自禁地表现自己内心的丰富情感，也会更加渴望向他人展示自己，这种情绪能够以非常积极的态势影响周围的人，从而使组织中各人员都朝着同一个目标而努力奋斗。

（二）承诺

承诺就是指一个人在人际交往的过程中要讲诚信。孔子曰：“人而无信，不知其可也。”承诺为个体衡量自己的言行提供了一套标准。谈到承诺，我们都会理解为是自己对他人或他人对自己说出的话，但其实，承诺更重要的是对自己的内心的约束。如果一个人想要赢得别人的尊重与信任，就必须要做一个信守承诺的人。在现在这个浮躁的社会中，缺乏自信的人对承诺的态度总是逃避，或者做了承诺，但在心态与行动上并没有完全恪守承诺；还有一种人，他们通常会对他人做出承诺，但并不去兑现，这在很大程度上损害了自己的诚信与名誉。我们在实际生活中能够发现，敢于承诺并且积极兑现承诺的人，他们一定对自己有着非常严格的要求，在他们实现目标的过程中，他们会发挥出常人难以理解的自制力，排除一切干扰，走向最后的成功。

（三）负责任

负责任是个人的一种情感、一种信念与一种自觉的态度，这种情感信念的针对对象是自己与他人、家庭与集体、国家与社会，这种态度是遵守社会规范、承担家庭责任、履行家国义务等。古时就有“以天下为己任”这样高大的人出现了，那么在科技发达、经济进步的今天，我们也要树立负责任的态度，自觉承担属于自己的义务，大方地面对自己的缺陷与不足，在遇到挫折时不要自暴自弃，而是要积极寻找其他方法。遇事退缩、抱怨的人，往往不承认自己与事件的关联，即使有关联也要极力撇清自己在事件中承担的重要角色。但人们只有抱着负责任的心态来看待与自己有关的事件，才会看清楚整个事件的来龙去脉。因此，个体具备负责任的心态是证明个体人格健全的基本保证，这也有利于提升个体的领导能力。

（四）欣赏

他人对自己的欣赏可以让自己印象深刻。古语有云："士为知己者死，女为悦己者容。"在收到他人对于自己的欣赏之情时，人们能够将潜在的力量如数激发出来，这样就会使得他们在做某件事时能够投入全部的精力。在生活发展过程中，人们依赖于自己所生存的环境形成自己独特的价值标准，自然也有了对于世间万物的评判。只不过这些评判难免会附上自己的主观臆断，对于自己喜好的，人们有非常宽容的标准，而对于自己接受不了的，人们对于其就会相对苛刻。在欣赏他人时，要懂得"尺有所短，寸有所长"这个道理，要以宽容的心态接纳他人、发现他人的闪光点。领导干部要想扩大自己追随者的阵营，就要做到心胸宽广，用欣赏的眼光看待每一个人，这样才能知人善任，做好一个出色的领导者。

（五）付出

要做一个优秀的领导者，不能一心只想着索取，而是要为他人付出。但相同的行为，会因为出发点的不同而产生不同的心态。付出是指事事为别人考虑；而索取是先为自己考虑，即帮助了他，我能得到什么好处。但中国的传统观念认为，有舍就有得，只要你付出过，最终总会得到一些什么。从本质上来讲，让我们的人生更加绚丽多彩是我们一切行为的出发点，为他人付出也是为了成就更好的自己。在实际生活中，我们总会遇到只索取、不付出的人，这些人总想以最省力的方式走向成功，但往往会事与愿违。

（六）信任

信任是人与人之间的一种美好品质，是指相互之间彼此相信。当人们被赋予了别人的信任之后，他们就会对他人托付的事情产生责任感，在完成这项事情时就会付出全部激情与精力，不让别人对自己的期待落空。谈到信任，相信大家都会想到一句俗语："用人不疑，疑人不用。"这就是说，选择了一个或一群人进行合作，那么就必须要信任所选之人。人与人之间的团结协作就是从对彼此产生信任开始的，有了信任，大家在共同追求某个目标时才会心无旁骛，才能敞开心扉地进行沟通，这有利于组织间不因猜忌偏离目标，进一步增强组织凝聚力。作为领导者，不仅自己要具备信任的能力和心态，而且必须在组织中创造一种互相信任的关系。领导者必须相信对方是真诚的，相信对方能够做到。领导者在信任的基础上进行授权，组织效率将有效提高，人们的自主性、创造力得以激发。

（七）共赢

每个人的精力与能力都有差异，但总归都是有限的，人们不可能将所有的工作都揽在自己手中，因此，要想获得事业上的成功，就必须团结协作，以达到共赢的目标。共赢就是指有着相同或相似目标的人通过合作，以利他原则推己及人，实现自己目标的同时也能够帮助他人实现目标。共赢就是要发挥 1+1 ＞ 2 的原则，结合各方力量。共赢是有条件的，它需要人们在相互尊重、彼此理解的基础上进行通力合作，因此，人们必须要具备一些品质才能与别人实现共赢。

（八）感召

感召是一种能力，这种能力并不依赖于物质刺激或强迫而存在，我们说一个人身上存在感召力，更多的是说这个人身上有着能够激发他人做出实际行动的人格与信仰力量。俗话说，“己所不欲，勿施于人。”只有自己以身作则，才能以自身的力量慢慢感染他人，形成对他人的感召力，发挥自身的表率作用。孙子曾说：“道者，令民与上同意者也，故可以与之死，可以与之生，而不畏危。”领导者自身要具备远大的理想，为自己设立一个崇高的目标，并努力向着目标不断前进。作为领导者，也要为追随者与下属建立一个美好的蓝图，为他们的理想作指引，让人们真切地感受到自己的奋斗是有价值、有意义的，获得的成就是属于自己的，这样才会在工作中充满干劲与激情，共同实现宏伟目标。

（九）创新

领导者具备领导力最重要的一项因素就是看这个领导者是否具备创新能力，一个具有创新能力的领导者会为了目标的实现而不断寻找新的方式与途径，最终明确实现目标的方向，为目标的实现制订一系列的政策方针。人们的思维很容易被脑海内存在的固有印象束缚住，盲人摸象就是一个非常典型的故事，这个故事体现出人们通常都会将假象作为真相看待。在人们的日常生活中，过去的经验是人们探索新事物的标准，这就容易使人们的思维禁锢在过去，以“习惯”来判断一项新生事物。但由于每件事物都具有多面性，从不同的角度观察就会得出截然不同的结果，使事物具有新的可能性。领导者要想使自己具备创新精神，首先就要培养自己谦虚的态度，抛弃思维定式，使自己在观察事物时尽量全面、客观；其次，领导者要敢于突破，带领团队奔赴更美好的未来。

第三节　领导力的法则

一、平衡力法则

事物内在和事物外在的作用力达到均衡时的状态叫作平衡。一个组织或团队离开了平衡，发展就不会顺畅，团队就不会平稳，可能时间不长就会垮塌。

优秀领导者应具备的一种平衡能力，是一种领导艺术。领导者能够在认识事物并掌握了事物发展规律的基础上，让组织在保持平衡的状态下实现企业的稳定发展。

（一）人际关系的平衡

一个组织内，只有人际关系和谐融洽，才有可能营造出良好的人际氛围，使组织平稳发展，才可以实现组织的目标或业绩的增长，才有可能实现组织的梦想。因此，领导者一定要努力使组织成员关系和谐融洽。团队人际关系和谐融洽一定是人际关系的平衡，因此，领导者要努力取得组织人际关系的平衡。人际关系平衡了，人际关系也就和谐融洽了。这就要求领导者要多与下属进行积极有效的沟通和交流，尽量满足下属的合理要求，认真听取下属的建议和意见，并力求使各种需求与组织发展趋于平衡。

（二）权力方面的平衡

这是指领导者要向下放权，不能将所有的权力都握在自己手里，这样不仅能够将领导者身上的责任感分担给下属，还能帮助下属不断成长。领导者放权不代表领导不再承担责任，而是要将节省下的时间分配给更重要的事情，只有这样才能实现组织间的平衡，使组织获得又好又快的发展。

（三）利益方面的平衡

对于员工进行利益激励这种方式是最直接、也是最有效的方式，能够在一定程度上鼓舞员工的士气、提高员工的工作效率。因此，为了使组织团队获得长足的发展，领导者就要使员工获得利益平衡，这样才能不使员工心生不满。

（四）人事方面的平衡

在现代的企业管理中，以人为本这种管理模式被大力推崇。“人”作为一个组织内最不可或缺的要素之一，是最难被调和的，也是最具有特殊性的。因此，一个成功的领导者就要将人事方面的调和放在最突出位置。

比尔·盖茨曾这样说：“在我的事业中，我最重要的经营管理决策是挑选好优秀人才。拥有一个可以担当重任的人，一个你完全可以信赖的人，一个能够为你分忧解难的人……”领导者只有对自己的领导责任与职能进行全面认识，才能在人事方面做出正确把握，正确认知自己的领导格局。领导者在对组织成员进行统一管理时，要注重方法的选择，还要知人善任，在人事任免方面具有魄力，除此之外，个人目标与整体目标的统一也是非常重要的。

人际关系的平衡、权力方面的平衡、利益方面的平衡与人事方面的平衡联系非常紧密，它们相互制约、共同发展，不可能孤立存在。因此，领导者在进行上述四者的平衡时要充分考虑各种因素，以形成动态的平衡，保证组织的长足发展。

二、应变力法则

应变能力是指个体在遇到突发状况时能够做出及时且合理的反应，具备处理突发事件的能力，这样才能够在变化中保持冷静。

现如今的组织处在瞬息万变的复杂环境中，而对于组织的管理就会更加复杂，且极易受到环境因素的影响。非程序性的管理问题是由环境变化导致的，而要想解决这种问题，创新能力就是在组织管理中不可或缺的，也就是说，创新本身就是一种应变突发状况的能力。

临场的应变能力是考证个人的专业和直觉的基础能力，如果一个人的临场应变的能力很强，他的整体能力就不会差。临场应变要求在瞬间做出最佳的选择，这是一件困难的事情，如果应变能力达到相应的水平之后，就有可能达到较好的应对策略或章法。我们大家都是凡人，不是什么事都可以做到十拿九稳，所以必然的，我们一定会用到“临场应变的能力”，临场应变能力的高低快慢，许多时候对成功有着很大的影响。

有很多事情从头到尾都不是顺风顺水的，事物发展过程中，意外经常不约而至，令人防不胜防。一个组织内部充满诸多矛盾，组织成员在意见、利益及行为方式诸方面的不协调，都可能突然激化相互之间的矛盾。面对这些激化以后的矛盾，领导者首先要有思想准备。应当想到这些突发的矛盾是工作中十分正常的事情，是避无可避的，因此面对矛盾要学会坦然。

由于每个个体都存在个体差异性，因此，个人的应变能力也各不相同，造成这种差异的原因有两种，分别是先天因素与后天因素。先天因素如一个人与别人相比，应变能力低，有可能是因为这个人的黏液质较高，而其他人属于多血质。后天因素如长期从事紧张工作的人的应变能力与工作舒适的人相比会相对较高。因此我们可以发现，应变能力并不是一成不变的，而是可以通过后天培养提高的。

随着现代社会竞争的加剧，人们所面临的变化和压力越来越大，每个人在行业里面都可能面临下岗、离职或者解聘等方面的困扰。努力提高自己的应变能力，对保持健康的心理状况是很有好处的。

沉着应变力是一种厚积薄发的力量，它不是信手拈来的，而需要从多方面入手，努力提高和培养。

（一）培养宽广胸怀和增强责任意识

为能够从根本上解决问题，领导者必须对自己身上的责任与使命有着清晰的认知，要不断加强自身的使命感与责任感，树立责任意识。若领导者没有意识到自身肩负的责任感，或认识到了却不能够很好地承担责任，这就无法推动问题的解决，相应地，这位领导者的应变能力也就不够出色。

除了要树立责任意识、具备责任感之外，博大的胸襟也是一名优秀的领导者所必备的优秀品质。这样的领导能够虚心听取下属的合理建议并加以改正，也能够尊重员工间的合理差异，能够在一定程度上做到求同存异。宽广的胸襟能够使领导收获员工的认可，有利于其在发生突发状况时获得员工的鼎力相助。

（二）树立危机意识

孟子云："生于忧患，死于安乐。"安享安乐，只会沉沦，直至灭亡。因此，一定要收起刀枪入库的麻痹思想，让自己时刻保持警醒，树立危机意识。

张瑞敏表示自己"每天的心情都是如履薄冰，如临深渊"；比尔·盖茨用"微软距离破产只有18个月"来警示员工。他们正是具有强烈的居安思危的危机意识，才让自己在面对突发事件时非常镇定，沉着应对，妥善处理和解决。

（三）提高观察判断能力

有些突发状况的发生还是有迹可循的，如果想要在事情还未发生时就捕捉到这些蛛丝马迹，那么就需要领导者具备非常敏锐的观察力与判断力，这样才能在突发状况来临时及时做出应对处理，将有可能造成的人财损失降到最低。

因此，为妥善应对有可能出现的突发状况，领导者就要在日常培养自己的观察力与判断力，这样才能够以优秀的自身能力带领团队奔赴未来。

（四）掌握必要的危机处理知识

一个人对突发事件的处理能够表现出其自身真实的理论知识与业务技能水平，因此，一个优秀的领导者必须要掌握相应的危机应对知识与技能。当在工作中遇到问题时，要尽可能地将其控制在萌芽状态，使问题的影响力范围尽可能小，切记不能将已发生的问题置之不理，使问题由量变引起质变，最终难以收场。

我们知道，知识与技能是会随着时代的进步而不断向前发展的，因此，这就要求领导在工作中积极扩展自己的理论知识与实践能力，对自身已经掌握的知识结构进行不断的优化与更新，以此来提高自己对突发事件的应变能力。

（五）锻炼随机应变的能力

突发事件具有不确定与复杂的特征，因此领导在对突发事件进行处理的过程中，要根据具体事件进行具体分析，不能够故步自封，要学会灵活应对，这就要求领导日常要不断提升自己对于突发事件的应对技巧，在实践中积累经验，增强对于突发事件的敏感性。

领导者在培养应变力时，必须要将以上五方面的能力协调配合，只有这样才能提高自己的危机应对能力，对突发事件妥善处理。

为了使组织稳步前进，在遇到突发事件时领导就要有充足的准备，用自己与组织成员的最大努力将损失降到最低。

三、亲和力法则

亲和力本质上是一种态度表示，我们判定一个人是否具有亲和力，就是看这个人在人际交往过程中是否具备友好的态度表示。现阶段对于亲和力的概念可以从广义与狭义两方面来理解，广义的亲和力是指个人或组织在群体中发挥的影响力，狭义的亲和力是指个人或组织的亲近感。

我们通过观察会发现，亲和力在被提到的大部分的时间里，都并不是指人们实际距离的远近，而是彼此在心灵上的距离，亲和力是指人们在人际交往时产生利益转换的基础，这种利益转换是一种平等利益。人们的亲和力往往能够体现出自身的内心素养。

在现代社会，只有具备亲和力的人才能获得更好的人际关系，也才能在人际关系中发展出更好的人脉，获得更好的人际影响力。亲和力由以下两个方面构成。

（一）相貌亲和力

相貌亲和力，顾名思义，就是自己的外貌是否会对别人产生亲近感，是否让别人有想接近的想法。在实际生活中，大部分的女性会比男性更具亲和力，长得和善的要比长得凶悍的有亲和力……因此，相貌亲和力是别人对自己的第一印象，这一点无须改变也无法改变，如果你的相貌具有亲和力，自然会有人主动亲近你，他们也会在潜意识里为你的亲和力加分。

（二）语言亲和力

语言亲和力就是指自己与他人交流的过程中，随着交流的逐步深入而与他人建立起了亲近感。语言亲和力的要素包括说话的语调声音、说话的内容、说话时的动作与表情等。因此，要想有效增加与别人交往时的语言亲和力，就要学会说话，在说话时要照顾他人感受，除此之外，面带微笑、声音柔美都是加分项，在与他人交流时要真诚，这样也有利于增加自己的语言亲和力。从某个角度来看，亲和力在每个人的身上也存在或多或少的区别，有些人天生就具备亲和力，让人交流过就想和他们亲近，但有些人却没有掌握语言的艺术，需要通过后天的培养来提升自己。

语言亲和力作为人际交往过程中的一种必备技能，可以通过以下三个方面来进行培养、提升。

1. 沟通高手做导师

要创造机会经常与沟通高手们交流，通过交流学习他们说话的技巧，并让他们给予相应的指导，如果想要更进一步地提升自己的语言能力，也可以让他们对自己的语言实践进行评价与反馈，自己再对沟通高手的反馈进行改进与反思。

2. 正式学习抓理论

可以通过读书来提升自己对于语言方面理论知识的掌握，在有关沟通能力提升的书中寻找关于聆听与表达的技巧。

3. 反复实践练技能

在与经验丰富的人沟通交流、自己也进行了一系列理论知识的学习之后，就可以将学习到的知识进行实践了。具体来说，我们可以在实际生活中对所学的技能进行实际输出，在取得一定效果之后复盘自己的实践成果，并将自己的实践过程进行反复研究，以此来不断提升自己的亲和力。

因此我们可以知道，相貌亲和力是天生的，而语言亲和力是后天形成的，相貌亲和力没有非常大的提升空间，但是语言亲和力只要人们努力，就一定会有所成就。

四、协调力法则

协调能力作为领导者的一项重要能力，在现代社会中已经成为不可或缺的一部分。为了在组织中形成良好的秩序、具备更高的效率，就需要领导者积极协调各方利益关系，使各方避免各种矛盾与纷争，因此，领导者协调能力的优劣是影响一个领导者是否能够成为优秀领导者的关键要素。

一般来说，如果一个团队的团队氛围非常好，这个团队的工作效率也很高，那么我们就可以断定这个团队的领导者具有非常优秀的协调能力。因为一个矛盾频发、团队内部不团结、工作效率低下的团队注定不会存在一名具有高协调力的领导者。因此，具备高超的协调能力是一个优秀领导者的必备素质，这个素质能够使其全方位地考虑事情、全面地照顾他人。

领导者在团队中要协调两方面的关系，第一是领导工作关系，第二是领导人际关系。

（一）领导工作关系协调

在领导工作关系方面，工作时间、部门任务、政策措施与工作要素都是需要协调的。组织内存在许多部门，在这些部门朝着同一个目标努力奋斗时，也会因为各部门之间存在差异性而导致各部门任务质量与进度各不相同，这就会致使目标发生新的变化。因此，在目标发生变化之后，领导者就要放眼全局，在充分掌握不同团队的目标任务的基础上协调各个团队间的具体任务，如组织、计划、控制协调等，总之，一切工作的开展都要为实现企业目标服务。

无论是什么样的任务，团队在完成时一定需要时间，但这个时间也是有限的。那么，在规定时间内完成目标任务就需要合理协调工作时间，协调工作时间是为了确保时间不被浪费，能够让人们将时间合理安排并利用，以此来提高团队成员的工作效率，达到在有限的时间内完成工作任务的目的。在推进工作进度的过程中，难免会遇到意料之外的状况发生，使各部门任务的实际完成效果与计划完成效果产生一定差距，因此，领导者要在这时发挥应有的引领作用，按照实际情况及时调整措施与政策。

信息捕捉能力、人际亲和能力、沟通说服能力、团结凝聚能力与冲突化解能力都是领导者需要具备的协调能力，其是一种综合能力。

信息捕捉能力就是领导者自己通过搜寻各类信息，从而找到自己需要的有价值信息的能力。领导者要想高度协调团队各部门间的工作，就必须具备这种基础能力，这是领导者进行协调工作的前提。因此，领导者必须要重视自己采集信息的能力，以此来为协调团队工作做准备。

（二）领导人际关系协调

在领导人际关系的协调中，主要内容是上下级关系的协调、同级组织之间关系的协调以及领导与领导之间、领导与下级之间关系的协调。这几种协调的最终目的都是为了为团队创造一种和谐融洽的工作氛围，使人与人之间的团结协作能够更加高效。

人际亲和力是指领导者自身的一种优秀能力，是指领导者利用自身的人际关系让他人乐意与自己相处并长时间跟随的能力，这种能力通常具备幽默、随和、和善、谦和、爽快的特点。如果领导者的身上具备人际亲和力，就能够以这种特质吸引他人，让他人死心塌地地跟随自己，按照自己的习惯达成共同的目标。领导者只有具备了人际亲和力，才能够在发生突发状况时妥善处理。同时，领导者也只有具备了大局观念，才能够站在整体利益的角度，为人际关系矛盾的有效化解采取适当的措施。

领导者自身的沟通说服能力也是非常重要的一项人际关系协调的内容。领导者需要通过自身的沟通说服能力，以不同的沟通形式与被沟通者进行交流，并在交流的过程中逐渐说服对方，这样才能够更游刃有余地进行人际协调，使被沟通者与领导者达成一致认识。

团结凝聚能力，是领导者具备的一种磁性能量，极易形成团体的一种能力。它要求领导者有强大的个人魅力，较高的文化素养，以此吸引他人。

冲突化解能力是指领导者在组织工作中必备的一项能力。这项能力能够在领导者领导的团队中出现人际关系矛盾时，使领导者及时对其进行化解与协调。冲突化解能力同样要求领导者要具备大局观念，只有领导者具备大局观念，才能够在团队出现各类人际关系矛盾时，站在企业团队的角度，及时有效地化解矛盾。

以上几种能力虽然不是相互联系相互作用的，但它们共同组成了领导协调的合力。一旦这几种力共同发挥作用，领导者最终肯定会达到协调工作和各类人际关系的目的。

五、组织力法则

组织力就是指管理者自身的一种能力，这种能力能够帮助管理者顺利开展组织工作，有利于管理者对岗位合理安排、对权力合理分配、对员工进行协调分工。

团队建设的核心因素是组织力，组建一个好的团队必须要有过硬的组织力，否则就无法使团队利益最大化。有很多公司发展到一定规模后，其发展速度很明显慢了许多，有的还停滞不前，甚至发生了逆退向后转。抛除行业和那些外部环境的干扰和影响，最重要的因素就是组织能力不足。因此，作为企业领导者，一定要重视对组织能力的提升和培养。

领导者的核心工作之一是团队建设，这是领导力的关键所在，没有团队，哪来领导力？不管哪个团队，都是由五大要素构成的，这五大要素分别是：目标、人、定位、权限、计划。其中，人是团队的中心力量，团队的任务最终需要落实到团队成员身上。人需要组织起来，互相协同，才能更容易实现诸多“丰功伟绩”。从这个角度上看，一个成功的团队建设需要一个好的组织力。

把有才能的人组织集中起来，打造成为一个组织团队，而不是整天考虑着自己去解决所有的事情是领导者组织力的重要体现。把有才能的人集中起来，打造成合理的团队不容易，也不是想做就能做到的，一般需要有四个时期，它们依次是组建、磨合、激化和成就期。

组建期，也是领导者千方百计搜寻人才的时期。初期。由于成员之间互相不了解也不熟悉，彼此之间也缺乏相应的信任，关系不够密切，所以他们的合作不够紧密。此时，就需要领导者去深入了解团队成员的各方面情况，尽早掌握团队的整体情况，积极协助团队成员迅速准确地进入工作位置调整好状态。在此过程中，领导者不能事无巨细，以防阻碍团队成员开展工作，致使其缩手缩脚，但也不能听之任之，任凭团队成员盲目地探索。

组建期过后进入磨合期。刚刚组建的团队成员经过初步合作交流后，他们互相之间有了进一步的了解，会自然而然地彼此进行交流，慢慢互相诉说心扉，合作会逐步加强。可是，这个时期的交流与合作往往只限于在小圈子内进行，许多具体问题和决策还需要依赖领导。此时，智慧的领导者常在回应下属汇报的同时，给予下属科学的指引，让下属通过团队内部成员的交流研讨做出决定，不能什么事都去找领导。在做思想引导时，为了避免团体主义滋生，领导者必须要以大局为重，站在组织的高度。

激化期处于磨合期之后。团队成员间在磨合期彼此磨合之后，他们的合作交流会更加默契，也会更加融通，在他们表达与其他人不同的建议与意见时也不再畏首畏尾，显示出了对于团队工作的积极性，团队间的氛围也越来越开放。但正因为如此，团队成员之间便可能会产生对立和新的矛盾，这种对立和矛盾有时候可能是很激烈的。这个时候，聪明的领导者不会用权力去控制和处理，而一般会支持有利于团队建设的矛盾冲突，然后引导他们经过讨论得出科学结果。在此过程中，领导者要以身作则，目的是让组织成员不管做什么事情都要有依据，而不能武断妄言。

经过以上三个时期以后，就进入了最后的成就期。这个时期团队会有一种较强战斗力，团队成员之间有强烈的一体感，拥有共同的信念，具有相同的企业文化，彼此之间能进行开诚布公的交流与合作，促使工作向前发展。领导者在团队处于成就期时，需要具备良好的全局观，充分发挥领导作用，引领团队成员拥有正确的思想，带领他们走向正确的方向。为使企业与团队共同进步，拥有一致的步调，可以对团队进行适当的刺激，保持团队的工作热情与动力。

第四节　领导力的误区

有一些领导者，十分清楚提升自身领导力的重要性，也花了大量时间与精力去学习培养。但是其中许多人，在提升领导力的过程中找不准方向，找不对方法，陷入了学习误区，好钢最终没能用在刀刃上，结果导致付出与回报不成正比。

一、重能力轻成绩

一些领导者在学习提升领导力时，仅仅看到了领导能力、领导技能本身，而忽视了与实际工作，与企业或部门的要求相统一。为了学习而学习，而不是为了切实提高领导力而学习，这是很难产生有益的结果的。重能力轻成绩的直接后果就是，学习到的内容与实际问题、与业绩目标的关联性极差，学习的成果流于形式，产生不了任何实际价值。久而久之，领导者自己也会失去学习的兴趣和动力。

二、重个人轻组织

一些领导者在选择学习内容和方向时，靠自己的兴趣和观点来决定学习内容。或者是拈轻怕重，避开自己的薄弱环节，只从易于改善的环节着手。看似进步显著，但实际上却没能解决紧迫问题和根本问题。

重个人轻组织，以自己为中心的学习方式，即便你制定了完善的学习计划，取得了一定的结果，但是由于忽视了组织的意愿，这些学习成果未必用得上。缺乏个人与组织的对接，对企业和部门没有益处的学习，终归是没有意义和价值的。

三、重理论轻实践

一些领导者根据企业的发展精神，按照企业的发展要求，致力于学习相应的管理理念、方法和案例，但学习过后却始终处于“纸上谈兵”的状态，根本没有在实际领导工作中进行有效应用。理论知识是死的，每个企业、每个部门都有独一无二的问题，我们只有通过应用、反馈、修正这一系列过程，才能将理论知识转化为提高自身领导力的“秘方”。

重理论轻实践，只会让领导者提高自己的“嘴皮子功夫”，在领导工作中冷眼旁观、夸夸其谈，陷入“眼高手低”的恶性循环，这无助于实际领导力的提升。理论知识正确与否，唯有通过实践才能知晓。

四、重眼前轻长远

一些领导者在学习过程中仅仅关注了眼前的问题，发现了问题才去急急忙忙地改善，感觉自己做的不错了就怡然自得。领导力的提升过程，不是一个短暂的、碎片化的过程，而是应当贯彻领导者职业生涯始终的长期稳定的过程。

领导力的提升学习，应该是领导者的主动行为，如果只是一味地被动“救火”，不仅领导力提升效果不明显，也无法培养一种好的学习动力和习惯。领导者应当对提升领导力做一个整体的规划，以长远的眼光来执行学习计划。未雨绸缪，提高自身的能力，应对各种还没有产生的问题，而不是等到没有“余粮”才去慌慌张张地“播种”。

五、重行动轻反思

一些领导者意识到了行动的重要性，但却陷入了另一种极端，即一味地强调行动，追求行动的结果，却不懂得及时放慢脚步或停下脚步对行动进行反思。这种领导者总是以一副“不撞南墙不回头”的气势和决心盲目前进，其实自己早已经头破血流、伤痕累累，却浑然不觉。

行动很重要，但反思更加重要。忽略了反思的行动，只是一种单环学习，对之后的行动没有丝毫帮助。一次行动的结果，不是我们追求的最终结果，而是为了能让下一次的行动更加顺利，结果更加美满，这才是一个良性发展的循环。仅仅为追求结果而行动，结果好时不懂得总结经验，结果差时也不愿吸取教训，你就只能原地踏步、原地转圈，而无法取得实质性的突破。行动中的反思能让领导者成为终身学习者，使其成为与众不同的杰出人物。

六、重发展轻匹配

一些领导者在提升领导力的学习中好高骛远，总是希望能实现跳跃式发展，却丝毫没有考虑自身现有的水平和地位，去学习一些自己无法完全理解的、现阶段根本用不上的高端领导知识。这样自己只会是云里雾里，根本学不到实际的内容，自己都无法读懂读透的知识，又何谈灵活运用呢？

所以，在选择学习内容时，领导者应当选择水平恰当，能够学以致用的学习课题，让学习出结果，让结果有成效。“冰冻三尺，非一日之寒”，领导力的学习没有终点，也没有最佳途径。选择适合自己的、适合团队和企业的领导力发展方略，就是最好的方式。

领导力训练的方法和方式很多，不是不经大脑思考随便选择就能取得显著成效的，学习提升领导力，如果没有找对门路，就很容易陷入以上 6 种误区。清楚地认识企业和自身，根据实际情况，以平和的心态一步一个脚印地学习提升，并及时做出总结和反思，这些才是避免陷入误区，学习提升领导力的正确心得。

第二章　领导力与个人修养

本章主要对企业领导者的领导力与个人修养进行了介绍，共包括三节内容，分别是第一节领导者的自我认知，第二节领导者的学习能力，第三节领导者的人格魅力。

第一节　领导者的自我认知

一、自我认知

在领导者必备的众多素质中，自我认知是最不可或缺的。在一个团队中，只有领导者具备了良好的自我认知能力，才能带领团队顺利地开展工作。一个成熟的、稳重的、优秀的领导者，为了能够更好地发挥自身的领导影响力，首先就要具备清晰明确的自我认知。他们会通过自我观察、自我体验、自我控制与自我提升等手段，将自己的能力素质尽可能地提高，这样也有利于增强自己的自信心。自我意识、交流能力、财务知识与背景和成为某领域的专家，是一个优秀的领导者必备的四种基本素质。自我意识就是指这个领导者对自我有着清晰的认知，知道自己需要做什么，以及怎样才能达到这样的目标。交流能力，就是指领导者应该是一个懂得沟通且善于沟通的人。财务知识与背景是为了使领导者能够更好地管理团队。最后，领导者需要是某一个领域的专家，这一点是为了使领导者能够更具权威力。现如今，许多企业在培养领导者时，都以上述四种素质作为目标，同时，这四种基本素质，也为领导力的理解框架做出了详细的解答。现阶段，人对自己身心状态的认知以及对自己同客观世界关系的认知，是心理学领域对自我认知的认识。心理学研究将自我认知划分为三个层次，即人对自己及其周围状态的认识、人对自己身体活动状态的认识以及人对自己思维、情感与意志等心理活动的认识。由于周围环境对人的发展起着非常重要的作用，人与人之间的关系也受周围环境的制约与影响，因此，自我认知除了是人脑对主体自身的意识与反应之外，它也能够很好地反映出人与周围现实之间的关系。人的心理与动物的心理最大的区别就是人具有非常清晰的自我认知，因此我们可以知道，自我认知是人类一种特有的反应形式。

二、领导者自我认知的内容与意义

俗话说，人贵有自知之明，领导者则要比下属更具备自知力，因为只有领导者能够清醒地认识到自己在团队活动中所处的层次、岗位职责和位置角色，才能够将自己手中的权力适当地发挥与运用，也才能够更充分地发挥自身的领导影响力。具备了领导影响力，也才能够在团队中树立威信与威望，这样就更有利于带领被领导者去实现共同的组织目标。因此，领导者正确的自我认知对于开展领导工作十分必要。

（一）领导者自我认知

自我认知还有一个别称，叫作自我意识。无论是在中国还是在西方，无论是在古代还是在现代，自我认知一直都是哲学思想中非常重要的问题。“内省”是西方早期哲学中非常重要的一项内容。在古希腊时期，“认识你自己”这道神谕出自阿波罗神庙中，这道神谕是哲学王国里永恒的主题。在中国文化中，也有与这道神谕非常相近的观点，即“慎独”。慎独与内省一样，都是以自我为中心，对自我进行观察与评价。因此，为了得到较为清晰与正确的自我认知，就要了解自我认知的形成与发展过程。

自我感受、自我体验与自我控制是自我认知的三个层次。自我感受是指个体认为自己是一个什么样的人。有些领导通过对自己的观察，认为自己属于乐观型人格，有些领导通过对自己的品行进行分析，认为自己是一个诚实的人，还有些领导容易使用批判的眼光看待自我，那么这样的领导就会认为自己是一个急躁冲动的人。自我体验主要是指个体是否满意自己、是否能够有效地悦纳自己。有些人在自我体验的过程中，会因为别人的态度而感到自卑，总是感觉别人对自己不满意，从而在自己的内心中也不愿意接受自己。怎样合理有效的调控自己，以及如果对现状不满意，如何通过自己的力量改变现状，使自己的生活朝着理想的目标前进，则是自我控制需要解决的问题。自我认知就是通过结合自我感受、自我体验与自我控制三个方面而形成的。

1. 自我感受

个体的自我认知与自我评价构成了个体的自我感受，其是指个体对自己的身心特征取得了一定的认识。而自我评价则是个体在感受到自我之后，对自己做出的某种判断。个人的心理生活、行为表现与个人在社会群体中人际关系的协调，都来自正确的自我评价，而正确的自我评价是由个体在客观的自我感受的基础上形成的。领导者在社会生活中不能妄自菲薄，也不能骄傲自大。如果妄自菲薄，就会令自己产生自卑感，在做任何事情的时候都不会树立成功的信心，这就会导致其在做事情的过程中缺乏积极主动性，最终就会导致任务的失败。而如果领导者在领导团队开展工作的过程中骄傲自大，他就会夸大自己的成就，产生盲目乐观的情绪。在这样的情况下，领导者就会难以维持良好的人际关系，也不易与他人进行融洽的合作。因此，个人的健康发展依赖于个体对自我存在客观的认知与评价。

2. 自我体验

自我体验本质上是一种情绪体验，这种情绪体验是主体对客体所持有的态度，其在一定程度上能够反映出主体的需要与客体现实之间的关系。积极自我体验的产生是由于客体满足了主体的要求，我们将之称为自我满足。而当客体未满足主体要求时，个体就会产生消极的自我体验。个体的自我认知、自我评价和个体对社会规范、价值标准的认识，能够在一定程度上影响客观我是否能够满足主观我的要求。自尊心与自信心、成功感与失败感、自豪感与羞耻感等内容，都是个体的一种自我体验。个体对于自身的标准就是个体的自我认知与自我期望水平，这些能够将个体的目标任务作为其成功与失败的标准。这种标准并不是大众化的标准，而是自身为自己设立的标准。如个体在完成某项任务时，自己认为自己已经取得了成功，但别人并不这样认为。又或是自己完成的任务，在别人的眼中已经收获了很大的成功，但自己却对这样的任务结果并不满意的一种情况。现如今，社会期望标准能够在很大程度上影响个体对自我的期望水平，因此，社会的共同标准与情绪体验（成功与失败）的内部标准应该尽量统一。在个体产生积极的自我肯定时，我们就可以推断他体验到了成功感，这有利于其向更高的目标进发。相应的，如果个体产生了消极的自我否定，那么他很可能体验到了失败感，甚至会由于这种失败感带来的挫败而放弃之前的努力。

3. 自我控制

自我控制是指主体对客体所起的制约作用。具体来讲，是指个体对自己的行为、思想与语言等方面的控制。发动作用与制止作用是自我控制的两个主要方面。发动作用是指人们在遇到困难时，会通过积极或消极的心理暗示来对自己的行为活动产生一定的影响。例如，有些领导者在面对困难时会感到身体不适，但仍然会由于这项工作具有重要意义，而坚持下基层检查工作。

（二）领导者在领导活动中的自我认知

1. 认明系统层次

领导从根本上来讲，是一个按照不同的标准可以以纵向或横向划分为若干个子系统的系统。在这个系统中，从纵向来看，有上层、中层与低层三个层次，从横向来看，则有不同的领域、岗位与分工。由于领导活动有着不同的质的规定性，因此在领导母系统与子系统、全局与局部时，就要严谨地根据系统论的整体性、层次性与结构性原理进行。对下属各方面或各部分的发展能够起到决定性作用的就是领导母系统与领导全局，其是指由若干个方面或部分下属组成的地区或单位。无论领导的地区或单位有多少个工作人员的机关或部门，其都能够构成一个整体、一个全局。领导子系统、领导局部是相对于领导母系统、领导全局而言的。其在一整个地区中可以是一个单位，在一整个单位中又可以是一个方面，他们是独立存在的，对于领导母系统与领导全局具有一定程度的反作用。

因此，我们可以得知，在领导系统中，母系统与子系统、全局与局部之间，分别都拥有各自的领导权限、职能与责任，相互之间不能够随意转换或替代。这就要求处在各个层次与各个方面的领导系统必须要对自身的系统有明确的认识。具体来说，就是子系统要在立足自身的前提下，协调与母系统或孙系统的关系。领导者、被领导者与领导环境构成了自身的领导系统。在这一领导系统中，领导者与被领导者的关系是至关重要的。在领导活动中起主导作用、占据支配地位的就是领导者，领导者可以为了实现组织目标制定与推动决策的实施，以此来带领被领导者共同前进。但是，如果一个领导者所做出的关于组织发展的指令或实施决策不符合现阶段团队发展的实际情况，也与被领导者的利益、意志与愿望背道而驰，那么，领导者与被领导者就必然会发生不可调节的矛盾与难以化解的冲突。虽然被领导者在领导活动中受到领导者的指挥、协调与管理，但被领导者在一定程度上也能够制约与影响领导者的发展。因此，我们可以得出这样的结论，即就算领导者下达了正确的指令，如果被领导者不理解该指令，又或是误解或曲解该指令，那么领导者与被领导者之间也会发生一些矛盾与冲突。在这种情况下，领导者可以借助设置机构、订立规章制度与改变方式方法等领导手段，适当运用领导权力，发挥领导影响力，将领导者、被领导者与领导环境三个要素有机统一起来，使之处于较为和谐的状态，这样才能够妥善地解决领导系统中出现的各种矛盾与冲突。也只有这样，才能够更好地驾驭自身领导系统，明确自身领导系统现在在做什么、通过努力之后能做什么的问题，将“做什么”与“能够做什么”两者有机统一，在分析之后确定现实情况中当下“应当做什么”，将自身的领导系统发挥出应有的作用，出色地完成各项目标任务。

2. 认准岗位职责

出于社会化大生产与社会主义民主制的要求与需要，领导活动要进行纵向与横向的分工分权。纵向的分工分权就是指不同的领导层次，如上层、中层、下层等。横向的分工分权就是指各套领导班子，如党务、政务与业务等。领导班子中还存在各个班子成员，如正职、副职与其他成员之间的分工分权。在这些领导系统中，上中下层的不同领导层次具有不同的职权分类，不同的领导班子具有不同的职责范围，而不同的班子成员也具有不同的工作侧重点。总之，在整个领导系统中，不同层次、不同班子与不同成员之间的岗位职责都各不相同。因此，若想在领导活动中恰当的行使岗位职权，就必须要自觉地遵守上级与下级之间的领导与被领导关系，切忌出现超权越位、继权占位、揽权代位等情况。只有这样，才会使团队中的各个成员各司其职，维护领导系统的层次与分工结构，使领导系统的整体功能得到最有效的发挥。

如果想获得更细的岗位职权与责任区分，就要着重注意自我认知问题。以下我们来区分正职与副职的岗位职权与责任。我们日常所称的一把手，就是团队中的正职。作为正职领导，应该具有全局观念。擅长主持决策具体工作事务，在需要做决定时不拖泥带水；正职领导要发挥自己的领导影响力，指挥团队成员统一开展工作，使他们各司其职，将工作顺利有序地进行；拥有出色的组织协调能力，也是一把手所必须具备的素质之一，在具体工作中能够对团队成员进行合理分工，使其在各自的岗位上都能够发挥出最大的作用，为团队工作创造新“合力”。除此之外，领导者还要发挥带头作用，做好团队表率，严以律己，宽以待人，团结协作，这样才能够维护自己在领导活动中的主角地位，继续发挥核心作用。在领导系统中，副职就是我们常说的二把手或三把手。他们在工作中的首要职责就是配合一把手找准自己的工作位置，在属于自己工作职责的范围内积极主动地开展工作。要注重与同级之间的通力合作，相互尊重，彼此扶持，步调一致。在实际工作过程中，为了更好地发挥出集体优势，要将整体功能放在突出位置，进退有度，平衡各方面的工作。在团队工作中，二把手与三把手应该注重挖掘团队成员的优势，将其优势吸收在自己身上，并应用于团队工作中，建立健康的竞争机制，形成良好的工作氛围。只有这样，才能够站准自己在领导班子中所处的配角地位，发挥助手与伙伴作用。总而言之，只有每个领导班子的正职、副职与其他工作成员都各司其职，认准自己的岗位职责，才能够更好地做好自己的分内工作，尽到属于自己的责任。

3. 认清位置角色

一个领导者只有认清自己在领导活动中的位置与角色，即自己在领导活动中的层次、岗位及其与层次、岗位相应的领导行为与形象，才能够更好地履行自身的职责。

（1）在思想方式上，要强化位置意识和角色理念

曾经有报刊刊登文章指出，国外的足球强队，他们的教练在比赛中会让队员

树立起位置意识与角色理念，并将这种角色意识与角色理念应用在日常生活中。他们在乘坐大巴车去参加比赛时，教练会有意地让前锋队员坐在车头，让中场队员坐在位中间位置，而后卫队员则坐在车的最后。通过这样不断强化队员们的位置意识与角色理念，久而久之，他们就会在任何场合明白自己应处的位置，并且了解自己在该位置上起到的角色作用。与体育运动一同作为社会群体活动的领导活动一样，在领导活动中，也存在着位置意识与角色理念的问题。这种位置意识与角色理念体现在领导活动的各个层次与领域中，乃至各种岗位与分工中。但领导活动又与体育运动不尽相同，这主要体现在领导活动中的角色理念问题。事业的成败得失，很大程度上取决于社会组织的最高层面。无论是党政机关的领导者，还是企事业单位的领导者，如果其认不清自己在领导系统中的位置即自己处于领导系统中的何种层次、何种岗位，或者不清楚自己在这个岗位与层次中扮演何种角色、发挥何种作用，那就不能够尽职尽责、恪尽职守，并且会严重影响该层次与岗位工作的有序开展。

（2）在行为方式上，要把握自己所处层次、岗位的角色责任

要想更好地尽到自己所处层次与岗位的角色责任，就要从两方面入手。第一，就是要掌握好自己所在层次所应尽责任的分寸。在现阶段的领导活动中，领导最基本的职责就是制定相应的决策，以及推动他人着手实施该决策。但是，不同层次对这一基本责任的执行也存在着不同的差异。比如，上层领导提出的决策属于指导性决策，指导下层应该干什么，不应该干什么。而低层领导的决策属于执行性决策，是为了将上层领导的决策落实到怎样干和怎样干好的实际上。而中层领导的决策属于过渡性决策，这种决策主要的作用就是将上层的要求与低层的实际情况相结合。因此，这就要求每一个层次的领导者都必须以自己所在的层次作为开展工作的前提，担负起自己所在层次的角色责任，为自己所在的层次制定决策，并积极推动决策实施。第二，在同一层次中，领导的职责主要是要将自己所处岗位的责任分寸严格把握。在同一层次中，不同的岗位存在着不同的分工，也正是由于存在不同的分工，不同的岗位职责也就存在着相应的差异。同一层次的责任范围，有的线长面宽，有的线短面窄，责任形态也各不相同。有的领导管全面，有的领导只管某一方面，有的领导管党务，有的领导管政务，有的领导负责务实，

有的领导负责务虚。从责任作用方面来说，达到完全的平衡是一个非常理想的状态，这是由不同的岗位特点与领导者的能力水平决定的。因此，领导者要想承担起自己的角色责任，就要站在自己的岗位角度上，按照其岗位职能特点与要求进行。

（3）在既定层次上，要确定岗位的位置角色

既定层次就是领导者固定地处于上层、中层或下层的某一层次中。在这样的情况下，领导者就要在自己所处的岗位层次上认清自己的位置角色。

（三）领导者自我认知的意义

自我认知对领导者及其领导影响力具有非常重要的作用。具体来讲，主要体现在以下几个方面。

1. 自我认知影响领导威信

个人自我认知的发展过程是指：第一，个体在实践活动中对自己的知识与情感进行不断地丰富，对自己的思想与行为不断校正、改善的过程。第二，是个体为了达到自己的任务目标，对自己的行为进行自觉的调节与控制的过程。这也就是个体将理想我与现实我在某个水平达到平衡与统一，使其稳定发展的过程。因此，领导者要想有效地提升自我认知，就必须在领导过程中或在实践过程中不断丰富、提高自己的能力。为了全心全意为人民服务，领导者要在自我意识中树立“俯首甘为孺子牛”的精神，要将自己与组织融为一体，所做出的决策也要符合事业利益发展的组织观念。只有这样，领导者才能扎根群众、联系群众，将自我意识中的全局观念树立起来，立足于实际情况，在工作中勇于创新，不断发挥领导影响力。

2. 自我认知影响领导效能

自我认知能够直接影响领导行为，在对领导行为产生影响时，是通过已经形成了定型的价值标准、认识方法、结论取舍等方面的习惯和模式进行的。有些领导者在具体工作的过程中，可能会形成过分自信的自我意识，这就是由于他长期处在一个较为优渥的环境中，因此，他在为人处世中会对他人存在一些傲慢与偏见。但是，领导者要在工作的过程中珍惜时间，尽量减少失误，在不影响工作目标达成的基础上，不断提高自己的工作效率与质量。与此同时，领导者还要增强

自我理想的境界与自我防卫的力量，自觉遵守组织规范，使自我意识最大程度地对外开放，不感情用事，不对达不到的目标轻易许诺。只有这样，领导者才能够逐渐得到干部群众的理解与信任，不断增强自己的领导工作效能。

3. 自我认知影响心理健康

个体心理成熟的标志是能够形成相对正确的自我认知，其对心理健康有着积极意义。有人在心理学领域做了大量的实践，实践证明，个体自我认知不健全或自我认知不协调，就会导致他们产生不良的社会适应，其人际关系与他人相比也相对不协调。个体社会适应不良或人际关系不协调，就会在一定程度上影响到自己的心理健康。这种影响心理健康的具体表现就是个体对生理的自我、心理的自我和社会的自我认识与体验有偏差，在自我评价与自我概念上与客观现实相比会产生较大差距。领导者必须要具备良好的人际关系，因此正确的自我认知是必不可少的。怎样形成正确的自我认知，这就需要领导者通过对客观的自我进行评价，以此来产生较为合理的理想自我。采取不同的策略来正确地认识自己与他人、个体与群体双方不同的地位与需要，做到对人、对己能够知己知彼，这样才能够极大程度保护自己的心理健康状态。

三、领导者自我认知的主要障碍

领导者出现心理障碍的原因就是不能够正确地认识自我，这是影响领导者心理健康的最直接因素。领导者会在领导活动中表现出不良的心理状态，这就是领导者的自我认知心理障碍。这种心理障碍对领导者的身心健康与领导工作有着非常不乐观的影响。领导者在实际工作中产生的自我认知方面的心理障碍主要有以下五种。

（一）唯我独尊

第一种是唯我独尊，即领导者会在组织内由于承担一定的职务而享受一定的权力。但领导者应该清楚地认识到，自己手中的权力是人民赋予的，而领导者应该利用这种权力更好地履行岗位职责、实现组织目标，将权力用作为人民谋利的手段。但一些领导者会存在个人素质与思想认识水平较低的状况，这种状况就会导致他们对权力产生一定的错误认识。也正是因为这种错误的认识，才会使其产生这种唯我独尊的心理障碍。但这种心理障碍的产生原因并不仅仅取决于领导者个人素质的高低，传统观念中长期封建专制与家长制也是导致这种心理障碍形成的因素。比如，有些领导就会由于自己手中掌握权力而对被领导者实施“权力性影响”，使用强权手段令被领导者屈服于自己，并强迫他们服从自己的个人意志。在这些领导者的领导活动中，有着非常明显的阶级关系。有些领导者常常会将自己凌驾于被领导者之上，以自我为中心，在工作过程中非常重视等级观念与尊卑意识。虽然他们在工作过程中并不使用所谓的强权手段，但对权力的主体通常会加以强调，并一意孤行地实施其自己认为正确的领导行为。一旦自己领导的活动取得了非常可观的绩效，就会过分夸大自己在团队中的作用。这种领导者在团队中始终有一种居高临下感，甚至对被领导者抱有一种“救世主”心态。还有些领导者喜欢听被领导者恭维自己所做的决定与决策，但对于被领导者的批评建议却视而不见。领导者这种唯我独尊的心态，严重不利于自身心理健康的发展，将自己的精神压力与心理负担无形地增大了，这样并不利于领导工作的顺利进行。

（二）自我萎缩

第二种领导者产生的自我认知障碍就是自我萎缩。产生自我萎缩的领导者，在领导工作中通常存在一种不求有功，但求无过的心理。对于这类领导者来说，积极进取、努力实现人生抱负并不是他们的理想，他们擅长消极等待，熬年头、熬资格、熬待遇，在领导岗位上浑浑噩噩，做不出实际的工作成绩，退缩保守，只满足于现状，而不为群众着想。具有自我萎缩心理障碍的领导者通常具备这样的特点，即对现实自我评价过低，其理想自我与现实自我之间的差距较大，对于他人在心理上消极防卫。这些领导在内心有愧疚感时，通常会自我安慰，并试图通过这种方法来从内心原谅自己，劝自己放弃心中曾经的理想目标。还有一些领导者在处于自我萎缩的心理状态时，会呈现出对新事物、新变化没有太多的热情，对外界的变化也不放在心上，并且同时还具备着极为消极的自我认知。

（三）自我混乱

自我混乱是领导者在自我认知方面出现的第三种主要的心理障碍。出现这类自我认知的障碍的原因，是由于其总会在现实与理想的选择之间摇摆不定，从而降低甚至丧失自我认知能力。在这类领导者中，通常会出现内心矛盾强度大、延续时间较长、新的自我无法确立、积极的自我难以形成、缺乏稳定与确定的自我调节等消极状况。由此我们可以分析出，处于自我混乱心理障碍中的领导者，具备强烈的动机冲突与心理负荷。虽然有些领导干部经常会自省、自勉、自励。但在现如今的市场经济条件下，存在着许多种的利益矛盾，这就会使领导者经常陷入情感与理智、个人与集体、索取与奉献的两难境地。在这种情况下，领导者的心境体验就会非常激荡不已。

（四）自我膨胀

产生自我膨胀心理障碍的领导者，会在形成自我认知的过程中出现偏差，从而失去较为准确的自我判断与分析能力。自我膨胀这种心理障碍的特点是，领导者会过度高估现实自我，从而使虚假的理想自我与现实自我相统一，显而易见，这种虚假的理想自我与现实自我的统一并不是真实的统一。在领导者产生自我膨胀这种自我意识偏差之后，就会表现出自吹自擂、做白日梦等行为，使自己在幻想中度过每一天。这类领导者比其他领导者更容易刚愎自用、骄傲自大，在现实我无法满足其需求时，就会导致反社会行为，甚至出现犯罪行为。

（五）自我否定

领导者在领导活动中出现自我否定这种自我认知障碍时，是因为自己的理想与现实相分离，造成了主观与客观不一致的情况。因此，领导者只会过分注意自己在工作中的污点及缺点与失误。作为一种消极的心理现象，自我否定会对人造成一定程度上的危害。自我否定的特点就是会使领导者极度缺乏或丧失理想自我，但其又会对现实自我心存不满，久而久之就会导致自卑心理，也开始产生自我拒绝，更有严重者，就会出现理想自我与现实自我对抗的情况。虽然会产生自我否定这种认知障碍的领导干部少之又少，但他们一旦出现自我否定，就可能出现患上精神分裂症，或因绝望而自杀的情况。因此，必须对这类的心理障碍进行严肃处理，认真对待。

经过分析，我们可以确定，领导者的自我评价、对自我与环境关系的认知等偏差，均会导致领导者出现上述心理障碍。因此，为了提高领导者的自我认知水平，就要引导领导者正确认识自我。

四、领导者自我认知误差

由于领导者具备强烈的自我满足而激发了得意感，由于领导者在被领导者的簇拥下产生了漂浮感，由于被领导者对领导者进行吹捧使其产生了膨胀感，以及由于领导者在客观生理机能中产生了错位感，这一系列的良好感觉就会使领导者在认知自我时产生偏差。领导者自我认知误差对于个人职业生涯、上下级关系、组织发展战略、领导管理效能等都会产生消极影响。对此，领导者应以“己”为镜，树立省察自律意识；以“人”为镜，积极获取外部评价；以“事”为镜，对照实务重塑定位。

（一）造成领导者自我认知误差的原因

自我认知误差是个体在认识自我的过程中对自身产生的不切实际的认知。这种认知误差的产生原因有许多种，如个体的主观情感客体、个体所处的客观环境与个体如何看待他人对自己的评价等。在个体形成自我认知的过程中，许多人都会认为只有自己才最了解自己，但其自我认知形成之后，就会发现个体的自我认知往往与现实情况存在很大差距。领导者也会在形成自我认知的过程中产生一定的偏差，其产生自我认知误差的主要原因有以下四个方面。

1. 自我满足心理下的得意感

领导者在成为领导者之前都会经历许多磨砺，领导者在这些磨砺中越挫越勇、百折不挠，在奋斗中凤凰涅槃，最终成为一个团队中的领军人物。在这一过程中，虽然艰辛困苦，但也越发能够体现出领导者身上的卓越品质、聪明才干与能力素养。但领导者从默默无闻到呼风唤雨，从下属到领导的过程中，这一转变就很容易使其心理产生非常剧烈的变化，相应地，领导者自身的心理认知也会发生巨大的转变。领导者普遍都存在同一种心理，即“无论什么样的苦，我都吃过，无论什么样的难题我都遇见过，无论什么样的麻烦，我都能妥善解决。”因此，正是由于领导形成了这种自以为是、目空一切的满足性心理，领导者就很容易产生自我满足，出现得意感。并且，领导者在取得角色位置之后，就拥有了一定的权力，在下发个人意志、工作命令与决策部署时就会非常顺利，那么，领导者很可能就将个人意志转变为了组织意志。这样持续一段时间之后，领导者就会自然而然地认为自己的决策是最好的、自己的管理是最完美无瑕的，从而只能够看得见自己的光鲜亮丽，忽略自己在领导工作中的缺点与不足。

2. 众星拱月地位下的漂浮感

由于在一个单位或一个组织中，领导者是单位权力层级的最顶层，也是拥有最高管理权限的人，因此，领导者在其中是作为“定盘星”与“指南针”而存在的。可以说，其客观上就拥有着至高无上的地位与领导权威。也就理所当然地能够掌控一个组织中的最高管理权、人事任命权、资源分配权与决策主导权等权力。因此，组织中的成员就会由于领导者有权力的加持与领导角色的权威而形成对领导者的恭维局面。在一个团队中，不管是副职领导还是中层干部，也不管是普通下属还是一线员工，这些人都要以领导者为中心，在领导者的带领下展开工作。例如，领导者需要签字审批各项工作，需要对出现的紧急突发状况进行决策部署，需要提名、任免、组织、提拔一些组织中的优秀人才，领导者是团队一切工作的组织者与决策者。在这种情况下，领导者就很容易形成一种漂浮感，久而久之，就会令其产生错误的自我认知，甚至将组织团队发展的功劳全部揽在自己身上。

3. 投机下属吹捧下的膨胀感

虽然个人主观方面是影响领导者自我认知的主要因素，但客观环境与他人评价，对于领导者自我认知的形成也具有非常重要的影响作用。在这两者之中，他人评价对于客观环境来说，对于领导者形成自我认知有着更重要的影响。在一个团队中，不免会存在一些富有心计、精于谋划、深谙职场潜规则，推崇“巴结领导、吹捧领导、靠近领导”的社交法则的人，他们靠这种社交法则讨得领导欢心，自以为这样就能够比人更快一步地晋升。这类人群会在单位的日常管理中，对领导的一举一动高度关注，并将领导者的一言一行奉为圣旨，寻找一切可以帮助自己立功的机会。他们会对领导者的不足与失误选择忽略，但对于领导者的功劳就会大肆吹捧。因此，领导者在这类下属的吹捧中，就会非常容易产生自我膨胀感，久而久之，就会把过度的赞扬当成自己的真实成就，从而形成错误的自我认知。

4. 客观生理机能中的错位感

从领导者的角度来说，客观生理方面存在认知局限是造成其自我认知存在误差的主要因素。在物质世界中，个体对于主客观环境中存在的目标信息给予反馈与记忆，就形成了人类的认知。从人的生理机能层面来讲，认知误差这种不可避免的客观存在，是由于人类的自然属性决定的。并且，这种认知误差很难通过主观的自控力来予以矫正与缩小，这是一项非常复杂的心理活动。心理学研究发现，当一个观念产生于人的大脑中时，人的潜意识就已经被这个观念所占据，并且很难再改变人的认知。这个观念会在人类的大脑中不断地被强化，逐渐形成较为稳定的、长期的信念。长此以往，这个信念就会随着时间的逐步推进而演化成为人们内心真正的认知结果。当人的大脑接收到有外部因素在冲击这一信念时，就会产生逆反效应及做出对抗性的防御动作。如果这种外部因素频繁刺激大脑，大脑就会将主观意识中已经形成的信念更加坚固地留存在脑海中。例如，如果一个领导者在很早就已经形成了对于自我认知的定位，那么其在之后的领导活动中，虽然自身可能已经发生了一些变化，但在主观的意识中，最初形成的那个认知结果还是会在很大程度上影响领导者的决策。

（二）领导者自我认知误差的消极影响

为了在领导活动中知己知彼，领导者就必须要确立正确的自我认知。也只有领导者拥有了清晰且正确的自我认知，领导者在组织中的特殊性与重要性才能够凸显出来，也才能够使单位长远发展，并且为团队整体的稳定提供重要保证。而领导者在领导活动中出现了多维度的负面效应，这主要就是由于领导者对自我认识的误差超出了一定的范围和阈值。

1. 造成个人职业发展目标混沌

自我认知是个体一项非常重要的社会能力。无论是领导者还是下属，正确的自我认知对个体职业生涯的规划、职业目标的设定和职业目标方向的选择都有着重大意义。要想有效地提升自己，就要正确地认识自己，这是提升自己最关键的一个步骤。在认识自己时，如果初始方向出现了误差，那么即使后期怎样补救，也无法再将自我认知拉到最开始的轨道上。领导者在做选择与决定时必须要谨慎，因为对于其他人而言，领导者的决定，不仅是为了自身职业能够有更好的发展，而且还能够关系到一个单位的整体发展方向。大部分领导者其职业选择偏离了既定方向，就是由于自己在自我认知层面出现了偏差，无法正确认识自身的组织定位。在这种情况下，领导者“想要成为的”与现实的情况之间存在一定的差距。即有些领导者在自己的主观意识层面上认为自身非常完美，自己的能力也比其他人要高出不少，从而会过高地认识自我，加强对自己的期许与对未来的愿景，但这种认知并不是基于现实情况而形成的。因此，领导者会在这种过高的期许与愿景中形成守成心理，极易向现状妥协，从而不再谋求更进一步的发展。

2. 容易被投机下属利用

在一个单位团队中，上下级关系是最普遍也是最核心的关系。在这对关系中，领导者需要驾驭与管理下属，下属也在使用浑身解数靠近甚至利用领导者。在这种情况下，领导者就会非常被动，常常会被下属牵着鼻子走。我们可以通过上述分析得知，一部分领导者由于无法抵抗投机下属的吹捧与奉承，因而产生了自我认知偏差。这些领导享受着投机下属的阿谀奉承，对自己的战略决策会产生盲目自信，从而过度高估自身的能力水平，导致自我认知较高。而这类下属就会趁着领导者自我认知存在偏差、自视甚高的这段时间，通过各种花言巧语来使领导做出有利于自己的决策。以此来满足下属的个人利益，或通过领导者的决策来推动自身的职业发展。久而久之，领导者就无法再扭转自己的认知偏差，产生越来越多的盲目自信，进而被人利用，走入这样的恶性循环中。

3. 诱发组织发展战略偏离航向

领导者作为单位团队中的领军人物，其自身所具备的战略决策能力能够影响和决定组织的未来发展方向。现如今，对于一个优秀领导者的要求，不仅是能够脚踏实地地将组织发展的现状与基本情况牢牢把握住，更重要的是能够带领团队一起展望未来，科学地预估组织的发展方向、规划组织发展蓝图，并共同向着更高更远的目标努力。在这些战略决策能力中，基于科学预测未来规划与战略方向的能力是最为重要的。这种能力往往能够使一个组织奋力向前、出奇制胜。我们可以从领导者的决策水平与谋划能力中，窥见其自我认知能力的高低。这是由于个体的行为效果与自我认知水平存在着非常密切的关系。如果领导者在制定与发展战略决策时好高骛远、脱离实际、急于求成，那么我们就可以推断，这个领导者过度高估了自己的管理能力。但如果一个领导者在制定组织发展战略时思维保守，那么这个领导者往往是低估了自身的实际能力。因此，我们可以从领导者对于组织战略规划的部署决策中分析出领导者自我认知能力的高低。

4. 导致领导自身管理效能折损

领导者在进行自身管理的时候，其效能受到了冲击或被打折扣，这就是领导者由于自我认知误差所带来的消极影响。领导管理效能，具体来说是一种领导者的实际影响力与号召力。这种影响力与号召力是领导者通过实施一系列具体的管理行为与领导手段产生的。只有领导者才具备领导效能，这种领导效能是在领导者拥有人格影响力与个人形象力的基础之上产生的。一般来说，管理效能高的领导者对于自身的管理也较为严格，形象也相对刚正，管理效能较低的领导者则会出现自身懵懂、形象较差的状况。这就是在形容在一个组织或团队中，领导者对于其发展建设的重要性。通常情况下，下属会对一个缺乏自我准确定位的领导者进行质疑或提出非议，并有理由怀疑领导者不具有组织威信与相应水平的管理能力。长此以往，领导者在下属的心中就会不再具备威慑力，也不再具备领导影响力，其下发的管理意志也就得不到团队内成员的有效执行，领导者的管理效能也就随之降低了。

（三）领导者自我认知误差的纠正策略

虽然社会个体普遍都在自我认知形成的过程中会存在误差，但对于领导者而言，他们可以通过自我意识层面的内在修为与外力，减少自我认知层面的误差，将发生自我认知误差的风险降到最低。

1. 以“己”为镜：树立省察自律意识

省察自律是社会个体在社会中生活的一项关键能力，也是其所必备的一种基础性素养。一个人自身的各项能力与水平，都受到其自身自我审视、自我剖析与自我反思能力的影响。省察自律与自我认知不同，严格来说，自我认知能力由其他能力与省察自律能力构成。省察自律能力的作用是让人们发现与反思自身的短板与缺陷。领导者为了能够形成正确的自我认知，其关键就在于要正视自身缺陷。

因此，领导者树立省察自律意识是非常有必要的。以下两个方面能够帮助领导者树立省察自律意识，第一是领导者要在领导活动中树立“找茬心理”。在领导活动中要善于找茬，但针对的对象是领导者自身，而并不是其他的组织成员。领导在成为领导之前，首先是作为一个个体存在的，只要是个体，就不可能完美无瑕。因此，领导者要在自己的工作与管理团队的过程中聚焦问题、发现问题、查找问题，对于自身出现的问题仔细梳理并认真对待。其次是领导者要在领导活动中树立复盘心理。复盘心理要求领导者在完成每一项工作任务之后，对流程与细节进行回顾与反思，对自我进行考量，要将“哪些方面没做好”或“哪些方面还能改进”等重点问题进行着重思考，在自我反思中不断发展自我认知。

2. 以“人”为镜：积极获取外部评价

唐太宗曾经说过，“以史为镜，可以知兴替；以人为镜，可以明得失”。领导只能在与别人的对比中发现自己的不足，并找寻自己自我认知的偏差。领导者只有使用以人为镜的手段，才能够避免当局者迷的自我认知困境。要想做到以人为镜，需要做到以下两个方面，第一是为了认清自我，领导者需要在与下属的对比中进行这项工作。不可否认，领导者在组织团队中是最高的管理者，但其在某些特定领域中，却有可能在专业能力与知识水平上无法与核心员工和明星员工相比。因此，领导者要善于发现在特定专业领域中优秀员工身上的闪光点，挖掘他们身上的特长，以此来明确自身需要弥补的短板与不足。第二是领导者要善于从他人的评价中获取与自己有关的信息。我们经常说当局者迷，旁观者清。对于领导者来说，可能自身对于自我的认识，不如组织团队中其他成员对领导者的认识更加客观、更加全面、更加真实。因此，为了获得更加客观真实的自我认识，领导者可以与组织中的其他成员进行日常交流，通过主动询问员工或在工作中进行沟通互动等方式来收集更多组织成员对自己的评价，这样就可以使领导者从第三方信息中发现一个与自我认知中存在差异的自己。

3. 以“事”为镜：对照实务重塑定位

领导者领导工作所获得的成果与任务完成的质量，是判断一个领导者是否具备较强的专业能力与真实水平的另一个重要指标。这就是指为了判断领导者专业素养的高低、检验其综合能力水平，就要以“事”为镜，通过领导者实际的工作质量来进行综合评判。因此，在领导者对自我认知误差进行调节时，就可以通过与他人的管理成效进行对比，来发现自己在管理中存在的问题。第一，需要将同类型的工作质量曲线进行纵向观察。在一些组织团队中，组织人事管理、资源协调与决策制定等工作都是较为常态化的工作内容。这些工作内容的特点是延续时间较长，承接周期也较为反复。为了能够将自身管理水平的起伏情况更好地与他人的管理水平做对比，领导者就可以通过对不同时间段内同一种工作内容的比对，分析自己在不同阶段的工作状态与组织管理质量。第二，需要将同时段的工作效果误差进行横向比对。领导者要将决策工作与监督任务执行同时开展。这样有利于观察领导者个人状态的稳定与判断其是否存在自控风险。若在同一时段，领导者领导的各项工作，其工作结果的质量各不相同，就说明这个领导者很大程度上并没有较为稳定的个人状态，并且会存在自我失控的一些风险。领导者可以通过这种比对来发现自己在领导活动中出现的种种问题，并及时进行调整，以此来建立更为准确的自我认知。

五、领导者自我认知的矛盾冲突

领导者的心理健康情况与其如何正确认识自我有关。为了避免领导者出现心理障碍而做出错误的决策，领导者必须学习如何正确认识自我。自我认知矛盾会产生心理冲突，主要表现为以下几点。

（一）组织需要与个人选择的冲突

作为领导者，享受权利的同时也要遵守义务，服从组织安排就是领导者应尽的基本义务。组织是基于组织内部的实际需求以及对领导者本人的精准定位，为领导者进行工作调整与调动。与此同时，领导者本身对自己的定位与认知不一定正确，所以有可能产生不适合自身发展的个人意愿，如果组织一味地按照领导者的想法为其安排工作，可能会因领导者的能力缺陷与不适造成工作疏漏。基于这一点，组织需求应建立在个人需求之上。领导干部们更要认识到这一点，从组织的利益出发，为大局考虑，提高党性觉悟。领导者对于组织召唤与个人意愿之间矛盾的处理也彰显着对党和国家的忠诚，是其对组织责任的承担。各级党组织在满足自身需求的基础上，也要结合领导干部的实际情况来安排岗位调动，为了充分调动领导干部的工作积极性与主观能动性，除了为其提供大展宏图的岗位平台，还要建立有效的激励机制，为领导干部营造愉悦的工作氛围的同时为其提供精神与物质上的双重奖励。

（二）社会期望与实际贡献的冲突

各级党组织与社会大众都对领导者寄予了殷切期待，为了达到组织的要求、满足群众的期待，领导者应重点维护自身形象，在社会群体中树立德才兼备、无私奉献的人民公仆形象。树立形象风范不能仅靠媒体的口头宣传，领导者应明白，只有为老百姓做实事、解决民生刚需问题，才能在群众的口口相传中获得好口碑，赢得人民的信任。要想做出突出的政绩，领导者首先应严格要求自己，正所谓“在其位，谋其政”，但是权力越大，诱惑越大，领导干部在思想上不可有丝毫的松懈，严格规章制度办事，拒绝社会中的种种诱惑，培养“勤政为民、吃苦耐劳”的无私精神，从群众中来，到群众中去，为官一任、造福一方，珍惜自己的羽毛，坚决拒绝财色贿赂，以人民群众的利益为出发点，制订惠民利民的政策方案。有的领导干部一心想要勤政为民，难免会设立很高的社会期待，但是由于现实原因，实际做出的政绩贡献达不到原本的社会期待，进而产生失落等不良情绪，影响工作积极性。另外还有一些领导干部工作态度热情积极、勤奋不辍，但是却没有选对正确的工作方法，往往事与愿违，事倍功半，不理想的工作效果会引起群众与下属对领导者的误解与质疑，严重阻碍领导者顺利开展工作。领导的威信力不足、党群与干群关系紧张等组织内矛盾都是由社会期待与实际贡献不匹配造成的。

（三）目标定位与利益矛盾的冲突

人的事业发展会受到目标选择的影响，利益追求与价值取向直接影响着人生的目标选择，在这个过程中也存在着很多矛盾与冲突。应根据实际情况对目标进行定位，不宜太高，否则在实施过程中发现没有达到的可能会使领导者产生极大的失落，进而对自身能力产生怀疑，影响工作效果。但是目标也不宜定得太低，压力在一定程度上也是动力，过低的目标无法激起领导者的工作动力，没有施展抱负的空间就无法做出突出的业绩，更无法改善人民群众的生活。

综上所述，领导者应学会对发展目标进行合理定位，选择恰当的工作方法。基于对目标的清晰认知，当事业目标与现实利益发生冲突时，领导者的利益应屈从于目标选择，坚持对目标的追求与落实。如果领导者对自我认知模糊不清，在眼前利益受到损伤时，就会在思想上产生动摇，忘记初心，放弃目标，更严重的会怀疑自我、否定自我，引发心理危机。

（四）人际交往与孤独失落的冲突

领导者的日常交往中，基本能力就是处理好周围的人际关系，领导是一门艺术，只有领导者对自我有正确的认知，才能与他人保持良好的交际，而良好的人际交往可以增强个人自信心与影响力，提高个人威信力，有利于得到他人的信任。作为领导，人际交往更加复杂，如果处理不好就会受其所累，产生不必要的烦恼，严重的会使人产生孤独自卑的情绪。领导者的人脉资源相对于普通人来说更加丰富，岗位的权责为领导者吸引了各式各样的来访者前来相交，随着一些领导干部的在位期限的延长，结交的朋友越来越多，人际交往愈加复杂。还有一些领导干部的职位特殊且关键，会吸引许多来访者前来寻求帮助，因而左右逢源，高朋满座。在表面繁华的人际关系背后隐藏着众多矛盾与冲突。比如，随着各级党组织对领导干部的职位调动，因岗位产生的人际关系交往可能会随之停断，甚至，在领导干部退休后，可能会出现人走茶凉的想象。前头的繁华与最后的寥落形成鲜明的对比，会使领导者的心理产生巨大的失落。同时，工作上的应酬交际多是建立在利益的基础上，少了一份真诚与信任，这种掺杂了利益的良好关系难以长期维持，甚至，领导干部还面临着因“交友不慎”而被连累的风险，因此，领导者在繁杂的人际关系中铭记初心，坚守原则，对自身与岗位的清晰认知有利于在人际交往中保持一颗平常心，衡量领导者自我认知能力水平的一个重要因素就是恰当处理人际关系，与同时的相处合作中增加真诚与信任，积极解决内心的困惑与冲突。

六、领导者如何提升自我认知能力

塑造完善的人格以及进行自我调节的前提是对自我有清晰的认知。如果对自身的定位模糊，忽略自身的优势，极易产生自卑心理，在人际交往中不自信，影响友谊的长久建立。但如果自视甚高，过于骄傲自大，也会导致矛盾的发生，在工作中判断失误，影响同事关系。总的来说，领导者想要长远发展，必须正确理性地认识自己的长处与缺点，对自身进行客观、实事求是的评价，掌握自我认知能力。

（一）客观观察，找准位置

在庞大复杂的社会系统中，每个人都有自己的位置，哪怕是扮演一颗“螺丝钉”，也是支撑整个社会运转力量的一部分。领导者根据自己的目标做出行为选择，为了减少工作的失误，应从长远的利益出发，对自身的发展方向准确定位，首先应注意观察，学会“三看”。

1. 职责认同度

学会正确看待自身岗位的职责。在任职之前，要对岗位职责、性质、权限等进行清晰定位，了解胜任岗位需要补充加强哪方面的知识技能。同时，高度认同岗位职责，这直接关系到领导者上位后的工作成效与政绩，领导者应找准自身扮演角色的位置，提高自我认知心理水平。

2. 自己的工作态度

只有对岗位职责充分理解与热爱，才能最大限度地调动其工作积极性。每一个岗位都是领导干部在组织内发展事业的阶梯与基石，“有爱”促进“有为”，兴趣与热情是一切工作行为的切入点与不竭的动力源泉。领导干部应在自身岗位上投入热情，无私奉献，认真负责，以严谨的工作态度制定决策、处理事务。珍惜自己的岗位机会，对党组织保持忠诚与信任，关爱同事、体恤群众，提高自身亲和力与号召力。

3. 自己是否有能力

能担任领导的人都不是碌碌平庸之辈，即便看起来平常普通、毫无能力，也必定在某一方面存在闪光点，比如具备慧眼识珠的伯乐能力，善于挖掘下属的优点并将其安排在适合的位置上。这其实是一种“德”，也是一种重要的能力，可以集聚贤才能者，最大限度地发挥他们的作用，这就需要领导者拥有一双发现

“能”的眼睛，提高看待自身能力水平以及他人能力水平的判断力，结合客观环境与责任要求，内外审视，对能力水平精准定位。

（二）认知价值，树立威信

事业发展的内在动力是价值目标，领导者的价值取向相当重要，主要从以下几个方面分析。

1. 对生命价值的认知

对生命价值的认知包括了解如何生活得有意义，受到群众的尊敬。领导者的生命性质除了个体属性之外，还具备历史属性与社会属性。领导者生命的价值更多地在于如何让人民群众生活得有尊严、有意义。在对自己负责的基础上，衍生出强烈的社会责任感，所谓“在其政，谋其位”，对国家与社会负责，造福一方百姓，把有限的生命付诸到无限的事业中去，这是对个体生命的充分利用，也是对政治生命的合理延续，领导者的生命价值都展现在政治信仰与抱负、事业理念与力量等方面。领导者如果不能将自己的命运与国家和社会的命运绑定在一起，不但会延误自身的政治生命，更重要的是无法造福百姓，可以说是在事业发展上毫无前途。

2. 对经济价值的认知

领导者的人品道德与其对经济价值的认知有着直接的关系。如果领导者对金钱财富极为看重，那么他从业的目的就会产生偏离，很难做到怀揣着勤政为民、无私奉献的理念投入工作，并且很有可能抵挡不住社会中的种种诱惑，利用岗位带来的权力收受贿赂、为来访者办私事，成为不折不扣的贪官、社会的蛀虫。基于社会心理学的理论，成功者都具备一个公共的特质，即看重成就，轻视金钱，他们追求的是事业上的辉煌成就，而不是像个貔貅一样狂敛财富。作为衡量人生价值的标尺之一，对“金钱”的认知可以预判领导者的工作成效，各级党组织在任命岗位负责人的时候，应重点考察领导干部们对待金钱的观念与认知，避免其未来受金钱所累，忘记初心，迈出法律与道德的界限，不愿做人民的公仆而选择成为金钱的奴隶。

3. 对权力价值的认知

领导者正因为拥有一定的权力，才具备威信力与影响力。领导者的影响力与岗位赋予他的权力成正比。但是权力的大小并不能代表领导者的事业的成功与否。领导者发展事业的成功与其对权利价值的认知有直接关系。这决定了领导者的职业动机与职业道德。一些领导者将拥有权力视作人生的目标追求，为了升官不择手段：行贿受贿、跑官要官，那即便他得到了心仪的岗位，也不会为百姓做实事，造福万民。权力是把双刃剑，如果不合理运用，以权谋私，终将跪倒在权力之间下，受到法律的制裁。公正廉明是为官者的信条，勤政爱民是为官者的目标，领导者应以正确的态度看待并使用手中的权力。

（三）悦纳自我，增强自信

形成自我认知的核心是积极悦纳自我，悦纳自我就是坦然接受自己的优点与缺点，不骄傲自负，也不自卑自怜，用正确的态度对待自己的好与坏。一个事业成功的领导者，在悦纳自我、肯定自我的同时，也会努力弥补自己的不足，不断完善自我能力与人格。人无完人，领导者对于自身的缺点不应回避掩饰，而是积极寻找机会与方法加以改正。自欺欺人的逃避只会将缺陷放大，最终酿成无法挽回的后果。更不应该因一点不足就不断自责、否定自己，这些都是不健康的心理情绪，如果放任其发展就会导致心理危机。保持一颗平常心，对自身有清晰、准确的定位与认知，才能从容地面对自身的长处与短处，做到取长补短、完善自我。

（四）自我激励，自我控制

领导者应在自我认知清晰的基础上进行自我激励。领导者的事业心与进取心都会随着自励机制的建立得到加强。领导者为自己设立短期目标，只有达到目标才能对自己进行奖励，奖励可以从领导者本人的喜好上出发，在不违反法律法规与职业道德的前提下，对自己进行奖励。事业心的加强可以促使领导者严于律己，向着远大的目标不断奋斗。进取心的加强可以使领导从已有的建树与成就中清醒过来，不因满足现状而止步不前。领导者都应具备良好的自我控制力。随着时代与社会的进步，对自身观念、态度、行为、习惯进行调整与革新。自励机制的建立离不开自我控制力的有效监督，下面从自珍、自重、自省、自警四个方面来分析如何自励与自控。

（1）自珍，即自我珍惜，包括不限于珍惜人生选择、工作机会、政绩名誉、理想追求以及政治生命等。

（2）自重，即自我尊重，包括不限于尊重自己的人格、地位与原则以及他人的人格与名誉。在人际交往中，注意行为举止，不说出格的话，不做违纪的事。

（3）自省，即自我反省，古语云“吾日三省吾身”，普通人如此，领导干部身处重要岗位，更应该加强自我反省，及时发现自己思想上、决策上、行为上的缺陷，广纳谏言，接受指正，这样才能受到人民群众的爱戴。

（4）自警，即时时自我警示，告诫自己不要利用手中职权谋取私利，触犯法律与道德的底线，违背做人的原则，抛弃心中的正义。

第二节　领导者的学习能力

当今时代的两个基本特征就体现在“知识”与“风险”这两个概念上。随着时代的发展，社会的变化日新月异，知识更新的速度与经济增长的速度成正比。知识的有效性不受时间与空间的限制，知识一旦脱离原本的情境，经过各个领域专家的编码之后，会经过多种渠道进行传播，适用于不同领域的生产发展技术的革新，但是解码的过程以及最终的应用都存在着不同程度的风险。在现代社会中，每个人都要掌握学习知识以及处理风险的能力，学习是获取消化新知识、规避驾驭各种风险的主要方法，正所谓：活到老，学到老。组织与个人的命运与前途都受到学习能力强弱的影响。领导者必须意识到学习能力的重要性，树立正确的学习态度与学习理念，才能跟得上日新月异的社会发展速度，从容不迫地处理各种突发风险事件。下面我们从学习能力的基本层面加以分析。

一、学习和学习能力

（一）学习的概念

中华语言博大精深，在不同的语境中，学习与学习能力具有不同的内涵。自诞生伊始，人类就在对环境的适应中不断学习生存技能，现如今，学习在我们的生活中随处可见，比如，对某种运动技能的学习：打羽毛球、打篮球、踢足球；

对某一学科的学习：应用数学、金融管理学、电子信息工程学等；对某种生存技能的学习：做饭、缝纫、开车等。由此可见，学习就发生在我们的日常生活中，大多集中在某一特定的教育机构中进行。因此，我们可以对学习作如下定义：在一定的教育目标下，学习主体通过听讲、阅读与实践研究中掌握某项知识或技能的活动，而学习能力则是在一定的教育目标下，对知识和技能的掌握能力。

心理学中的教育心理学的重要研究内容之一就是学习活动。教育心理学对学习的定义是“凭借经验产生的比较持久的行为改变”。学习具有三个基本特征：第一，学习是一种行为改变，包括外显行为与内隐行为。外显行为是指外部可以观察到的行为，内隐行为是指意识形态领域的思维与认知的变化。第二，学习只能凭借经验而获得。经验的积累则需要不断实践，最终产生行为的变化。因生长发育带来的行为变化不属于学习的范畴。由此可总结出学习的本质是反抗本能。以游泳为例，在水中如果只依靠本能动作活动，大概率会溺亡，而游泳的技术动作的学习就是克服本能动作带来的危害。第三，学习一定是比较持久的行为变化，比如，因为身体不适或者药物引起的一时行为变化只是暂时的，就不属于学习的范畴。除了因生长或机体损伤引起的生理行为变化不属于学习的范畴，还有一些行为变化虽然是通过学习获得的，但由于遗忘因素，这些因学习而改变的行为是动态的，不具有稳定性。因此，教育心理学的专业研究人员对学习的定义进行了完善：“那些不是由于成熟、损伤或机体的生理变化所产生，而是由经验引起的比较持久的行为变化，一般就被认为是习得的。”① 即通过学习获得的持久的、稳定的行为变化的能力。

组织行为学对于“学习”的定义受到心理学与自身发展变化的双层影响。罗宾斯在心理学对学习界定的基础上，对学习活动的四个特征进行了强调：第一，学习包含着变化。第二，学习范畴内的变化是持久而稳定的，由反射引起的暂时变化不属于学习。第三，学习的定义关注的是行为，只有行为活动发生了变化，学习才会发生。如果个体仅仅在思维或态度上发生了变化，而行为未发生相应变化，则不能成为学习。第四，学习必须包含某种类型的经验，这种经验可以是观

① 索里，特尔福德．教育心理学 [M]. 高觉敷，等译．北京：人民教育出版社，1982.

察或直接经验，也可以是间接经验（如阅读）。[①]

组织行为学中的另一位权威专家彼得圣吉在罗宾斯的理论上，为学习添加了更严谨的内涵，彼得圣吉认为，学习获得的知识与信息是表面的行为变化，其内在的心灵转变与运作才是学习的核心内涵。“真正的学习，涉及人之所以为人的此一意义上的核心。透过学习，我们重新创造自我。透过学习，我们能够做到从未能做到的事情，重新认知这个世界及我们跟它的关系，以及扩展创造未来的能量。”[②]依照彼得圣吉对学习的界定，学习能力则可以定义为通过学习实现对心灵的升华与转变能力。彼得圣吉在一定程度上拔高了学习的价值与内涵，在创建学习型组织的角度上体现了乌托邦性质。

（二）学习能力的概念界定

上述学习的界定理论经过了研究领域内专家的检验，具有一定的权威性，基于此，我们在对学习能力的界定可以做进一步的总结与提升，在这个过程中需要关注以下几点：

1. 学与做之间的关系

“学”是一种储备积累知识的过程，仅对于一般情境展开，“做”是在特殊情境下为解决问题而对已积累知识的合理应用。因此，“学”发生在“做”之前，虽然学习与做事是两个过程，两者大部分情况下是分离的，还有一些情况下学与做是融合的，即“学中做”。这是为了更好地掌握知识，在学习过程中预设模拟解决问题的情境，通过实验的手段将“学”与“做”融合在一起。还有一种融合情况是“做中学”，强调在实践过程中总结实践内容与方法，积累经验以便作为日后应对同类问题的参考依据。

2. 学习的主体、客体和中介

教科书中蕴含着丰富的知识与技能，我们除了从书籍中汲取养料，还可以通过学习、借鉴他人的思想与行为来达到学习的目的，正所谓“三人行，必有我师焉”，另外也可以通过不断实践靠自己总结、提炼经验。理论与事物作

① 罗宾斯．孙健敏等译．组织行为学 [M].7 版．北京：中国人民大世隔绝学出版社，1997.

② 彼得圣吉．郭进隆译．第五项修炼 [M]. 上海：上海三联书店，1998.

为学习的方法与手段，是学习的中介，学习能力则是在面对不同情境的问题时，选择适合的学习手段与方法，以便快速、有效地获得相应的知识与技能的能力。

3. 学习是对原有知识体系和行为方式的改变

学习必然会使人产生行为上的变化，如果没有，则认为该学习过程是消极、无意义的。学习的有效成果是通过学习提高了分析主体与解决问题的能力。心理学对学习的相关研究具有一定的片面性，心理学强调实证研究，注重观察学习的外显行为变化，而学习的内隐行为变化也不容忽视，即通过学习使主体在思想层面发生了变化，因此，我们的研究应该从外显行为与内隐思想两个方面出发。

4. 学习的时间效力问题

人类的本能反射机制也会导致思想与行为发生变化，但只是暂时的，因此不属于学习的范畴，比如：手指遇火灼烧引发的缩手行为、敲打膝盖引起的膝跳反射行为等。学习带来的思想与行为的改变必然是持久而稳定的，但是因机体的自然生长发育引起的稳定的、持久的思想与行为变化也不属于学习，比如：人由婴幼儿时期的爬行到后来的直立行走的改变等。

5. 学习的价值取向

学习的客体内容不一定都是积极向上的，从事不正当职业的人也需要学习知识与技能，比如：偷盗、诈骗、抢劫等，这些具有负面价值的活动也离不开对知识与技能的学习。因此，学习本身不具有优劣之分，关键在于学习主体的价值取向，我们要抵制将学习的知识与技能用于不正当的活动中，学习过程受到法律与道德的双层限制与监督。

总的来说，学习能力是指人利用正确的、合乎法律与道德的方法获得能使原有的思想与行为发生持久而稳定变化的知识与技能的能力。同一个人不会对每一个领域都擅长，所以其在不同知识与技能领域内表现出的学习能力各有长短。比如在运动能力、形象思维能力、抽象思维能力等方面，同一个人对于擅长的方面则表现出较强的学习能力，对于不擅长的方面则显示出学习能力不足，需要更长的学习时间才能达到学习的目的。同理，对于同一种学习内容，不同的主体也会显示出不同的掌握程度。因此，领导干部要善于挖掘下属的优点长处，根据闪光点的不同为其安排适合的岗位。而对领导者本身学习能力的要求，与一般人也不同。

二、领导者的学习能力内容

领导者需要具备的学习能力如下所示。

（一）系统思考能力

一般人是以自我利益为出发点，围绕着自身的实际生活，通过碎片化、片段式的局部思考形式来运用系统思考能力。但是，领导者统管一个部门，不仅要为自己的生活负责，更要为组织和社会的利益着想，因此，领导者的思考必须从全局或整体出发，首先满足组织与大多数民众的需求，然后才是考虑自身的需求。彼得圣吉在对学习型组织的构建过程中提出了五项修炼理论，系统思考就是其中的第五项修炼，其余四项修炼分别是改善心智模式、团体学习、自我超越以及建立共同愿景。在这五项修炼中，系统思考作为整合其他各项的理论，发挥着将他们的实务聚合成一体的作用。这种整合作用在学习型组织的构建中十分重要，如果没有系统思考，在组织的实践活动中，各项修炼实务就会各自为政，流于形式，缺少互动，不但无法发挥聚合效果，还会降低每一项修炼的效果。因此，系统思考能力对于领导者来说是不可或缺的，领导者需要统筹全局，不仅要保证各部门达到目标与任务，还要协调各部门之间的关系，加强沟通与联系，减少摩擦与冲突，使组织内部的真实需求得到及时反馈，聚合各个部门的力量，为社会民众提供更好的服务。总的来说，系统思考能力是领导者顺利开展工作的基础保障。

（二）道德修养能力

领导干部们对于下属的统领与监管，不仅依靠完善的组织规章制度，还要发挥个人威信力与号召力。领导者要利用其道德修养能力来提升个人魅力，增加同事与民众对其的信服力。评价领导干部行政行为的一个重要标尺就是政德，作为领导者学习能力中不可或缺的一项，道德修养应该受到领导干部的重视。儒家圣贤孔子认为：为政以德，譬如北辰，居其所而众星拱之。其身正，不令而行；其身不正，虽令不从。这些都说明了道德修养因素在行政行为中的关键作用，领导者制定决策、推广计划时也需要道德修养力量来加强政策的落实与执行力度。

（三）自我反思能力

可以从两个方面来解析“自我反思”的含义：一方面，“反思”意味着“后思”，在一特定的事件完成后，对其发展过程中的概念与思想进行总结，从事件的重点开始倒推思考，用普遍性的结论来呈现思考的结果；另一方面，在对事件进行多次复盘中“反复思索”，通过对事件中固定的普遍原则的总结来挖掘事件的本质。事件中的真理不是靠一次反思就能总结出、概括全，只有在多次复盘中针对事件的每一个环节进行严谨的复核，才能发现事物隐藏在深处的本来面目。这种反思性的自我意识能力是人类独有的特征，只有人类才具有对自身经历进行分析思考的思维意识与能力，这更值得我们珍惜并运用。通过对特定事件的反思总结出经验教训，对主体原有知识体系进行更新与完善，周围世界的一般规律都会被人类掌握。对于一般人来说，他们通过“反思”可以调整思维模式，得到别人的理解同时理解他人，这是生活中十分重要的技能；对于领导者来说，反思的基础目的是更加清晰地理解自己，对自身的行为进行准确定位，从而进一步在行政实践中加入有效的纠错与反馈机制，有助于对行动计划的修正，避免因自身的一意孤行导致决策错误影响组织、损害民众利益。

（四）创新和变革能力

现今社会处于急速变革的时代，创新和改革带来经济效益、促进社会发展的同时，也带来了一定的风险，但是不能因为风险的存在就停止创新的步伐，决不能出现因噎废食的情况，领导干部如果一味地循规蹈矩，跟不上时代与社会的发展，那他制订与下达的政策不仅不会造福百姓，反而可能会引起许多现实的民生问题，增加社会中的矛盾与冲突，加大其执政风险，因此，作为领导者，必须具备创新与变革的能力。总的来说，领导者的执政风险大多来自于保守的思想与僵化的制度，创新与改革反而是通向成功、改善民生的必经之路，领导者应想办法为创新与变革保驾护航，而不是墨守成规，将精力浪费在处理日新月异的社会与一成不变的制度产生的冲突与矛盾上。一般来说，提到创新，大家都会想到科技创新，其实顶层的社会创新更加关键，美国著名管理学家德鲁克认为，创新不一定需要实物为载体，更不一定局限于技术领域，与社会创新相比，技术创新的影响力几乎微不足道，比如保险的发行就是造福百姓、影响力巨大的社会创新，比之蒸汽车与电报的创造更加伟大。社会创新在诸如学校、银行、公职部门等机构中，其实现难度比某一科技的制造要大得多。对科技进行革新只需要花费不高的进口成本，承担的文化风险也是最低限度，而社会创新却需要机构具备一定的文化基础。

除了上面提到的四种学习能力，领导者在社会发展中想要做出一番政绩，还需要锻炼理解能力、说服能力、记忆能力等要素，在开展行政工作时，发挥自身的综合协调能力。

三、领导者的学习能力培养途径

前文论述了在领导者的行政实践过程中，学习能力具备核心力量，对行政风险的化解以及行政难题的处理都要依靠领导干部强悍的学习能力。学习能力不足的领导者无法持久地提升自身综合水平，也无法为社会与组织提供优质的服务。因此，领导者应寻求多元渠道与方法培养提升自身的学习能力，主要包含以下三个方面：尝试—错误型学习、替代型学习和问题指向型学习。

（一）尝试—错误型学习活动

尝试—错误型学习活动，顾名思义，就是对已知错误行为和反应进行多次矫正尝试，最终试验出最正确的行为与反应。尝试—错误型学习的主要倡导者是教育心理学的创始人、美国心理学家桑代克，根据他的观点，我们总结出，尝试—错误型学习的过程是建立在准备律、练习律和效果律这三条定律的基础上，对各种反应实现连接。准备律证明了学习效果与心理准备状态成正相关，学习主体积极主动地去汲取知识往往事半功倍，但是如果学习主体被迫进行知识灌输，最终的学习效果则不尽如人意。练习律证明了学习主体对某种知识的掌握程度与其使用频率成正相关。基于遗忘曲线，知识与技能如果不经常温习就会因遗忘而变得陌生，不持久、不稳定的行为变化不属于学习的范畴。效果律证明了学习效果也受到主体对反应结果感受的影响。在主体进行学习实践的过程中，行为与反应之间的连接越强，主体对相关反应越满足，反之，则说明学习主体对相关反应不满意，综上所述，在尝试—错误型学习活动中，最终的学习效果受到来自学习主体的多种因素的影响，包括心理准备状态、应用频率以及主观感受。

作为领导者提升学习能力的主要途径之一，尝试—错误型学习活动的本质是实践性质的，这对学习主体提出了严格的要求：第一，要培养学习意识，提高学习的自觉性；第二，在学习过程中大胆地将积累的理论经验付诸实践中，不断试验，最终找到正确的行为与反应；第三，依托情绪反应机制，时刻记录自身的主观感受，以良好的情绪参与学习活动，加强学习效果。尝试—错误型学习的直接性与有限性体现在学习主体“做中学”的融合过程中，这种缺陷是尝试—错误型学习无法改变的。我们可以考虑用替代型学习活动来弥补这种缺陷。

（二）替代型学习活动

书本与群众是替代型学习活动获取知识的主要途径，所以跟尝试—错误型学习活动注重学习主体的直接感受相比，它强调间接经验。对于领导者来说，在工作繁忙的日常之余，要多读书、读好书，正所谓“书中自有黄金屋”，博览群书可以帮助领导者打开眼界与格局，改变原有的陈旧观念。领导干部们不能做出点政绩就骄傲自满，认为自己用不着再读书了，甚至产生“读书多了无法适应社会”“实干比读书重要得多”“在社会各种潜规则下，经营人际关系比读书更有用”等错误思想理念。

（三）问题指向型学习活动

上述两种类型的学习活动都是针对已经发生的事件进行的，而问题指向型学习活动则不同，它主要针对尚未发生的事件。问题指向型学习活动中的问题主要是指学习主体与客体之间的冲突，分为主观与客观矛盾，并且，仅依靠现有的知识体系与技能储备无法得到解决。这些不好解决的问题具有三个特征：其一，客观性，在事件的发展过程中，可能会出现某些问题。其二，未解决性，在现有的知识体系与技能储备下，这些问题处于无法完全解决的状态。其三，迫切性，学习主体如果不先解决这些问题，就无法继续进行学习计划。领导干部要对未实行的工作具有预见能力，做到闻声而知雅意，见微知著。同时具备风控意识，对一项政策的推行过程中可能会遇到的问题进行设想，并提前准备处理方法，才能从容不迫地处理日后的政策落实过程中出现的意外情况，加强对风险与时局的掌控能力。

综上所述，领导干部开展行政工作需要具备多种技能与专业知识，对涌现的新矛盾、新问题、新冲突进行有效处理与化解，树立终身学习的思想理念，将马克思主义思想理论付诸实践活动中，通过多种渠道加强自身的学习能力。

第三节　领导者的人格魅力

一、人格魅力的构成要素

人格是一个人多种方面的综合，包含性格、气质、能力、思想道德品质等。在这多个方面，如果有一项或多项发出闪光点，则可以定义其具有人格魅力。一个人的人格魅力会不自觉地影响、感染周围的人，甚至影响、改造整个世界。领导干部们必须展现自身的人格魅力，才能在工作中增强威信力与号召力，使其下达的政策得到有效地落实与执行。

领导者可以通过个人包装、修养与能力三个方面来构建自身的个人魅力。个人包装指的是领导干部在公众与下属面前要维护好自己的形象，通过一些积极行为打造自身优秀的形象，将勤政爱民、无私奉献的一面展现出来，成为典型模范，从而增强自身影响力；修养意味着领导者应具备一定的素质修养，包括政治修养、文化修养、道德修养等各个方面。修养不是天生的技能，需要后天的努力来获得，比如，响应党组织的号召利用业余时间多读书，通过书籍认识世界、打开格局、积累经验，提高文化素养；能力指的是领导者的个人能力，其中学习能力占据了重要地位，领导者要通过理论知识的学习与实践活动的锻炼来不断提升个人综合能力水平，不被时代淘汰。

二、领导者人格魅力效应

（一）能力出众的吸引力

领导魅力的一个重要体现就是其具有合理而超群的知识结构。宽广的知识面是领导者散发个人魅力的基础保障。英国哲学家培根说过："读史使人明志，读诗使人聪慧，演算使人精密，哲理使人深刻，伦理学使人有修养，逻辑修辞使人长于舌辨。"由此可以看出，知识的丰富积累对人的性格有极大的塑造作用，领导者想要以哲学的思维去认识社会、感悟民生，为社会大众提供优质的服务，就必须加强对人文科学、宗教艺术以及哲学理论的学习。细数古今中外的优秀人物，凡是在事业上作出一番成就的，其本身大多都具备深厚的文学素养，对艺术、宗教、哲学、历史等均有涉猎，扎实的科学知识储备以及人文情怀使得领导者在谋划决断的工作中逻辑清晰、目标明确、游刃有余，领导者善于透过现象抓住本质，同时具有极强的风控意识与预见能力，可以统筹全局，制订出具有超前性与可实施性的政策方针。

（二）诚实守信的亲和力

凡是领导者，在具备高智商的同时也有较高的情商，基于领导者所在岗位的特殊性，需要与各方各业打交道，庞大的人脉网必须依靠优越的情商才能维持好。另外组织内的工作氛围也需要领导者来带头维护。一个具有强大亲和力的领导，才能深入群众，受到百姓的爱戴。要官威、讲排面等不良现象要严禁杜绝，领导者要清楚自身的定位，为官即为百姓办事，是人民的公仆，应待人和善、诚实守信、谨言慎行。在组织内部氛围中，领导者要做同事和下属的良师益友，彼此之间互相尊重，领导者不光要在工作中督促帮助下属，在生活中也要对下属给予关心照顾，增进感情，用优越的情商处理人际交往关系，用真诚的亲和力感染周边的人，提升个人魅力。

（三）知难而进的坚毅力

领导者的内心深处蕴藏着一种名为"意志"的优秀品格，这种心理素质直接在实践行为中得以展现。意志是一种意识形态领域的抽象品质，看不见，摸不着，但是在遇到艰难险阻时却支撑着领导者坚定理想信念、朝着最初的目标勇敢奋进。意志体现了领导者的果敢性、忍耐性与坚定性，知难而进的坚毅力是领导者在困难障碍中挖掘生机与优势的精神支撑。现如今，社会与时代急速变化，在日常行政工作中会面临突如其来的新问题、新冲突，领导者必须磨炼自身的意志，处变不惊，在困难面前不退缩，避免产生怨天尤人的情绪，应以知难而进的精神状态与坚韧不拔的坚定毅力面对工作中的阻碍，受到打击也不气馁，振奋精神，致力于为组织与人民发光发热。

（四）强大的感召力

强大的号召力在领导者人格魅力中使人感触最深刻，东汉徐干说过："明主之得贤也，得其心也，非谓得其躯也；苟得其心，万里犹近，苟失其心，同衾为远。"[①] 孟子也说："以力服人者，非心服也，力不赡也；以德服人者，中心服而诚服也，如七十子之服孔子也。"[②] 这些古语名言都告诉我们，在组织工作中，用强权压迫下属与民众是不明智的，要想使人才与民众对领导者心口折服，还需发挥领导者的个人魅力，在一言一行中以身作则，塑造良好的社会形象。现代心理学曾以企业为对象做过相关实验，企业领导者用奖金与物质激励只能调动起员工 60% 的工作积极性，剩下的 40% 则要靠领导的人格魅力，领导者的号召力越大，下达的政策就越能令行禁止，往往领导者的一句话就能调动起员工的工作热情，使其充分发挥主观能动性。

（五）激励工作积极性

调动员工的工作积极性也是领导者的个人魅力影响力之一，简单来说，一个有魅力的领导者会让员工产生崇拜与信任的感情，从而心甘情愿地被其领导，并且相信在其英明的领导下，必定前途一片光明，进而对工作充满干劲儿，自觉为企业创造更多的价值。领导者的人格魅力将队伍的集体力量紧密联合在一起，在领头羊的带领下，员工们坚定组织信念、对工作与未来充满期待，面对困难激发出迎难而上、勇攀高峰的勇气与意志力，不断拼搏、积极进取。相反，如果领导

① （汉）徐干撰；龚祖培校点 . 中论 [M]. 沈阳：辽宁教育出版社，2001.02.

② （战国）孟子著 . 孟子 [M]. 哈尔滨：北方文艺出版社，2019.03.

者的个人魅力不足，没有做到以身作则、谨言慎行，那么员工就会质疑领导者的道德品质与工作能力，进而对其下达指令的正确性与可行性存在疑虑，无法落实上级领导的政策，导致工作成果达不到预计的目标。

近年来，海底捞企业迅速崛起，究其原因就是海底捞企业将服务做到了极致，以优质的服务态度为卖点，海底捞在餐饮行业迅速占据了一定的市场份额。其中，海底捞整体的工作氛围积极向上，值得其他企业借鉴、学习。据说，有些员工见到海底捞的创始人张勇会激动地哭出来，因为在这里，领导给予了这些学历不高的员工高工资、稳定的工作，让这些背井离乡的打工人有尊严地生活，员工们受到这些优质待遇很难不对领导者感激涕零，张勇还通过打麻将哲学对员工进行激励，更加调动了员工任劳任怨的工作积极性，从而快速促进企业的发展扩张。

（六）有利于自身保持美德

领导者的人格魅力不仅代表着员工对领导者的高度认同，同时也相当于无形的自我管控机制，督促着领导者时刻注意自己的行为举止，维护在公众面前的良好形象，进而帮助领导者坚守本心，抵抗外界的各种诱惑，减少违法乱纪、以权谋私的现象。以马云为例，即便外貌形象有所不足，但是他的思想却受到广大群众的高度认同，每次演讲都十分激励人心，优秀的口才大大提升了马云的个人魅力，也推动他的企业不断做大做强。综上所述，个人魅力的提升不仅规范了领导者的言行举止，对企业的发展也起着十分重要的推动作用。

三、领导者人格魅力的塑造

我们从道德素质、情感素质、知识素质和能力素质四个方面介绍企业领导者的人格魅力，首先来看人格魅力的基础与灵魂——道德素质。

（一）道德人格的塑造

企业的道德文化建设十分重要，是推动现代企业成长的基石与保障。构建企业领导者的道德人格是企业道德文化建设的重心。对领导者道德人格的塑造主要从“诚”“信”“法”“责”四个方面入手。首先，“诚”是领导者的工作宗旨。对组织要忠诚，对下属要真诚、对民众要坦诚。其次，“信”乃立人之本，无论是做人还是做事都应该重信守诺，不可见利忘义、背信弃义。再次，“法”是领导者工作立身的保障，每一个人都要坚守法律的底线。最后，“责”是指领导者应具有强烈的责任心与事业心，以组织与企业的利益为出发点，对工作认真负责，不可出现懒政怠政的现象。总的来说，领导者的道德人格素质的高低直接影响了其人格魅力的塑造，作为企业的管理者，应不断进行自我教育与革新，将道德追求当作永恒的目标。

1. 要敢于负责，不回避矛盾

作为企业领导者，敢于负责，是其道德的评价标准之一。当前，有相当部分企业领导者对工作缺少责任心，在企业的经营运行过程中，不肯主动承担责任，见到困难不是迎难而上，想办法解决，而是选择逃避，绕着圈子走。敢于负责任，就要求我们企业领导者多想办法、多出点子，积极推进工作，想方设法完成企业的既定目标和任务。

2. 要敢于求实，不唯书、不唯上

实事求是，是我们党的思想路线。讲实话，办实事，求实效，也是一个企业领导者最基本的素质要求。作为一名企业领导者，在实际工作中，思想不能僵化，不能照抄照搬书本上的“死”理论，不能不切实际地按照上级指示办事。而是要因地因时制宜，用发展的观点看问题、办事情、搞经营、求发展。作为一名企业领导者必须具备实事求是的优良品质，坚决做到不唯书、不唯上，不犯教条主义错误，敢于顶住各种压力。

3. 要敢于创新，不怕风险、不怕失败

创新是发展的不竭动力，是当前的时代精神。对于企业来说，创新更是稳立市场的制胜法宝。有不少企业领导者缺乏冲劲，不求有功，但求无过，缺乏开拓精神和方法，往往导致企业在激烈的市场竞争中陷于绝境。在市场经济时代，企业如逆水行舟，不进则退。企业领导者只有勇于变革、勇于创新，永不僵化、永不停滞，敢冒风险，敢于在急难险重工作不顾个人得失，不计个人私利，有敢于失败的精神，才能创造出一番新业绩，开创工作新局面。

4. 要敢于廉洁自律，不当“糊涂人”

作为企业领导者，在企业经营发展中举足轻重，一言一语、一举一动，都在员工中引起深远的影响。因此，作为企业领导者，要提升自己的人格魅力，加强政德修养，就要敢于自律，善于自律，堂堂正正做人，清清白白做事。俗话说，“心底无私品自高。”每一个企业领导者只要无私无畏，坚持执行民主集中制，就一定会得到员工的拥护，从而推动企业的发展。

（二）知识素质的塑造

现如今，在大数据时代背景下，社会急速发展，日新月异，作为领导者，想要在无时无刻不在变化的社会中跟上时代的步伐，必须不断对自身的知识体系进行革新与完善，这就需要领导者对学习能力给予足够的重视，通过多元化的途径不断提升自身的学习能力，进而提高自身的知识素质，这是时代和社会对领导者的要求。学习是获取最新知识的唯一途径，在学习过程中，针对不同领域、不同类型的知识，不但要选择合适的学习方法，还要对所学的知识内容进行甄别，用辩证的、批判的思维模式对待所学的知识。领导者不光要熟练掌握本企业相关的专业知识与生产技术，还要洞悉市场经济的自然规律，对其变化有预见性，因此必须加强对现代金融、现代管理学、现代科技、历史与法律等方面知识的学习，另外，领导者要重点研究领导科学这门艺术，相关的心理学也要有所涉猎。领导干部要以身作则，利用业余时间不断学习、充实自己，万事与下属做好表率，在单位与组织内营造积极的学习氛围，倡导员工们加入学习的队伍，从而提升企业整体的文化素质，促进企业的卓越发展。

（三）能力素质的塑造

1. 要有预见未来谋划发展的能力

企业领导者负有推进一个企业正确经营、科学发展的重大职责，首先要具备根据市场形势，预见未来谋划发展的能力。企业领导者要带领企业求得谋划发展，就必须对未来的形势有准确的判断和预见，才能做到先谋而后动。在一定程度上预测未来形势的变化趋势是一个成功的领导者必须拥有的技能，这项技能建立在宽广的思维格局以及丰富的知识积累上，领导干部在工作中要做到权衡利害、审时度势，在洞悉市场经济的一般规律的基础上，利用管理学知识，发挥辩证思维的作用，乘势而上，做到立足当下，着眼未来、兼顾各方、突破重点，顺从市场发展形势作出正确的决策，带领、指挥团队在市场经济的海浪中拼搏向前，以全局观思维来作出决定企业命运的重大决策，抓住主要利害关系，处理面临的繁杂冲突与矛盾，全面推进企业的发展革新。

2. 要有扎实推进工作的能力

对于企业确定下的发展目标，必须靠实际的行动，扎扎实实地推进工作来加以实现。扎实地推进工作，就是经过科学、民主的决策定下目标之后“怎么做”，就是要做到说了就算，定了就干。企业领导者要具备扎实推进工作的能力，就要不断提高认识、把握、遵循和运用发展规律的本领，自觉运用科学的工作方法，推动企业全面建设发展。具体来说就是要达做到三个科学合理。一是理解工作任务要科学合理。正确理解企业的经营方向和发展策略，联系实际，找准工作的切入点、落脚点，完成工作任务就会有的放矢，游刃有余。二是安排工作任务要科学合理。企业领导者在安排工作任务的过程中，要正确分析形势，在工作任务运行的过程中，不断校正认识上的偏差，保证各项工作安排得下去、实施得了、完成得好。三是下达工作任务指标要科学合理。企业领导者在筹划每项工作时，要事先确定好“路线图”，明确完成任务的标准、时限和方法步骤，做到有方案、有检查、有评比、有讲评、有总结，不能为了工作进度和绩效而盲目地定任务、下指标，要充分考虑下级的承受能力，充分调动各级的积极性，确保各项工作任务高标准、高质量地完成。

3. 要有团结凝聚人心的能力

在共同的理想与任务目标下，团队聚集力量，紧密联合，朝着一个方向努力就是团结。将团队凝聚在一起的关键是聚合人心，领导者想要管理好一个团队，首先就要具备团结凝聚人心的能力，否则，部门里人心涣散、各行其是、一片散沙，不但对管理造成更大困难，更无法实现企业目标。因此，为了将分散的力量聚拢起来，形成战斗力强悍的团队集体，领导者必须发挥领导艺术，利用自身独特的个人魅力，感染周围的人，为他们绘制美好的企业未来蓝图，号召大家朝着企业目标一起使劲儿，充分调动员工的工作热情与主观能动性，激发员工的潜能，发挥 1+1>2 的工作效果，在科学发展观的战略方针下，将员工的力量凝聚起来，强大的合力终将推动企业完成升级革新。领导干部想要团结人心，首先规范自身的言行举止，在公众面前树立诚实守信、客观公正的良好形象，发挥人格魅力感召员工，树立以人为本的理念，在工作与生活中应关怀、体恤员工，不但在经济物质上保障员工的生活，还要在精神上满足员工的理想，使其感受到自己的存在对于企业是有重要价值的，激励其奋发工作，进而再组织内部营造和谐积极的工作氛围，在工作中大家求同存异，朝着共同的目标团结奋斗。

4. 要有知人用人的能力

推动一个企业的科学发展，要求企业领导者聚英贤而用之。“知人善任”，顾名思义，这是一个过程的两个环节，“知人”是基础，只有“知人”才能“善任”；“善任”是关键，“知人”的目的在于“善任”，只有“善任”，才能使人才更好地发挥其才能，做到人尽其才。企业领导者在实际工作应努力做“知人善任”。一是发扬民主，走群众路线。在选拔使用企业干部时要坚持以人为本，就应广泛听取群众意见，既要听上级的，也要听下级的；既要听相同意见，更要听不同意见。这样才能避免偏听偏信，真正把群众公认、实绩突出、清正廉洁的人员及时选拔到管理岗位上来。二是要坚持马克思主义的认识观，做到全面地、联系地、发展地认识人才。要用科学的思维方式，把对人才的感性认识，经过分析、判断上升到理性认识。既能看到人才的外在因素，又能看到人才的潜在素质，既能看现实表现，又要看成长过程；既要看工作表现，更要看思想品质。三是公道正派，大公无私。坚持任人唯贤，克服任人唯亲、唯上、唯送、唯要等不良风气。要注意从基层和生产第一线选拔优秀人员，不能让综合素质高的人吃亏，不能让干事的人吃亏，不能让老实人吃亏，努力形成注重品行、科学发展、崇尚实干、重视基层、鼓励创新、群众公认的用人导向，共同打造一个干事创业的良好环境。

5. 要有出色的决策能力

企业的发展是否成功与领导者的正确领导密切相关，领导者的决策如果出现根本性的错误，那对企业的影响是毁灭性的，这不同于管理上的缺陷，有修正的时间与机会，决策上的失误可能会给企业造成难以承受的损失，因此，领导者身处特殊位置，手中握着关乎企业命运的权力手柄，每一个决策的制定都要审慎再审慎，认真听取下属与同事的建议，对来自大多数人的建议要格外重视，不能刚愎自用，一意孤行，群力群策是保障决策正确性的有效方法。

6. 要有营造和谐气氛、创造蓬勃向上企业文化的能力

企业实际上就是一个大团队，所有的员工在组织内各司其职，如同庞大机器中的各个零件，一起工作催动“机器”的运转。因此，每一位员工都十分重要，哪怕是做着最基础工作的底层员工，须知，机器少了哪怕一颗螺丝钉都无法正常运转，因此，企业内部想要实现协调运转，在完善的规章制度的保障下，必须营造和谐氛围，创造蓬勃向上的企业文化，使每一位员工都认识到自身工作对于企业的价值，员工得到认同才有积极工作的动力。我们仔细对比那些成功的企业，他们的成功除了基础要素那些共性的东西，不同之处就是各有特色的企业文化与团队精神，这是个性化的因素，与领导者的个人风格脱不开关系，可见，企业成功的关键因素之一仍旧是领导者的个人能力。领导干部在熟练掌管理学与心理学等相关的领导艺术学科知识后，应当发现，为员工提供和谐舒适的工作环境以及积极向上的工作氛围是激励员工奋发工作的重要条件，企业文化不是写在纸上的企业格言那么简单，它在潜移默化中影响着员工的意识形态，领导者要打造蓬勃向上的企业文化，为员工塑造正确的价值观，鼓励员工在组织目标下，调动自身主观能动性进行个性化发展，打造具有战斗力的团队。

（四）情感素质的塑造

领导者如果想要与员工在情感上增加沟通，发挥人文主义精神，以人为本，就必须完全剔除官僚主义作风，不摆领导架子，从群众中来，到群众中去。在工作中聆听员工的意见，了解他们最真实的需求，在生活中关怀员工，体恤他们养家的辛苦，总之，以诚实守信的亲和力拉近与员工之间的关系，动之以情，晓之以理，为他们解决工作中与生活中遇到的难题，使其无后顾之忧，全身心地投入到工作中，实现企业目标的超额完成。作为领导干部，要有容忍雅量，言行谦逊，勇于接受员工的批评，广开言路，给每一个员工为企业出谋划策的机会，群策群力才是促进企业创新、实现产业升级的有力举措。在意识形态层面上，对员工的工作价值给予肯定，满足其成就感，同时为他们营造积极向上的环境，使他们各自的才能得以展现，激发员工潜能，不埋没任何一位有能力的员工。领导者在与员工进行情感交流时要真诚守信，以真心换真心，这不是

一蹴而就的事情，需要长期的情感投入与维护，发挥领导者的人格魅力，增强企业凝聚力。

四、领导者人格魅力培养路径

（一）领导者应通过情商管理来提高人格魅力

1. 勤奋学习，丰富知识

领导者想要通过情商管理来提高人格魅力，那么可以从以下几点来入手：第一，锻炼记忆力，提高知识吸纳力。第二，注重细节，培养辩证思维，提升观察与分析能力。第三，增长阅历，锻炼想象力，培养创新意识。第四，培养逻辑思维，锻炼对事物抽丝剥茧的能力。第五，客观公正，看待事件时应科学理性。第六，加强领导组织力的培养。第七，树立终身学习的理念，更新完善自身的知识体系。总的来说，领导提升个人魅力是建立在宽广的知识体系基础上的，古往今来，人类对世界的认识与改造都是凭借知识与经验的积累，细数各行各业，每一家企业的成功都离不开优秀领导人的带领，这些领导者自身无一不是博学多才，学问通达。所谓“知识就是力量”，在一定程度上知识的丰富程度决定了领导者是否能够在激烈竞争的市场经济中带领企业走向成功。对于党组织内的领导干部，丰富的知识体系是树立良好公众形象、提升人格魅力的基础，群众认为一个学富五车的领导者具有信服力，文化素养在企业与组织的发展过程中十分关键。

2. 加强沟通

人与人之间进行良好的信息交流，即沟通。世界上的大多数误会与矛盾都是由于沟通不畅，互相之间未能了解真实、全面的信息而引发的。加强沟通可以使领导者及时了解员工的最真实想法与需求，员工也可以在与领导的交流中发表自己的意见，了解领导所想，更深层次地体会到上级决策的内涵，感受到企业的人文关怀，因此，沟通可以拉近领导与员工之间的距离，增进情感交流与互通。在人际交往过程中，尊重与真诚都是互相的，领导者先做到尊重员工、坦诚以待，员工才会被领导者的个人魅力所折服，继而对领导更加崇敬，这是一个礼尚往来的过程。作为领导者，在开展日常工作时要摆正心态，切忌推崇官僚主义，摆架子、要官威。这样只会把员工越推越远，得不到员工真心的尊敬，不利于工作的落实与执行。一个好领导是谦逊和善，充满人文精神，重视人才资源，以人为本，在工作与生活中不吝于表达对员工的关怀与体恤，员工得到了尊重与认同，才会为企业的未来付出辛劳的努力。

3. 要豁达大度

在《贾谊论》中，有这样一句话："志大而量小，才有余而识不足。"意思是，志向远大但是气量狭小，才能有余但是见识不足。这句话告诉我们，想要在事业上做出一番成就，不仅仅要树立远大志向、提升自身能力，还要有"宰相肚里能撑船"的气量以及长远宽广的视野与大局观。对领导者来说，他们身处特殊职位，要与各式各样的人打交道，尤其是对待有才能的员工，人才多有自己的脾气与性格，在与其沟通中应更有耐心、多多包涵，以企业与组织的利益为重。领导干部在工作中也要学会审时度势，调节各方冲突，一味地强势压迫或者委曲求全都无法胜任领导的工作，与人交往是一门艺术，领导者要把握好尺度，审时度势，强势时不极尽刻薄，留有一丝包容，弱势时不谄媚取巧，保有一丝尊严。赞美的话脱口而出，打击的话三思而后言。学会赞美员工就是对员工的工作与个人能力表达认同与肯定，这种精神上的鼓励对员工来说是非常重要的，可以激励他们全身心地投入到工作中。罗丹说："生活中不是没有美，而是缺少发现美的眼睛。"有时候赞美会使一个人的命运走向不同的结果，领导者必须具备的一个能力就是挖掘员工的潜力，发现他们身上的闪光点，并且基于肯定。这是化解矛盾冲突、协调上下级关系的有效方法。

（二）遵守伦理法则，培养高尚的人格与品德

1. 伦理、道德和良心

伦理包含了多种内涵：辈分、天理、秩序等。在人类生活中，伦理关系覆盖了大部分的人际关系与交往过程，小到家庭、家族，大到社会、国家甚至世界，伦理关系在政治、法律、经济、文化、宗教等各个方面都有渗透。伦理精神的综合体现就是道德，道德的范畴之一是良心，对于领导者来说，他们手握权柄，下达的指令与决策不仅关系到企业的发展与命运，也影响着员工们的生活与生存。因此，领导者要注重伦理，遵守道德底线，做人做事都要讲良心。伦理关系对领

导者的道德品质提出了很高的要求。

2. 忠诚正直，坚持正义

前文已经阐述了领导者人格魅力的重要性，他们的精神与人格魅力不受时间与空间的限制，时刻鼓舞人心、感召世人。所谓人格指的是做人的尊严、品格，最后上升到做人的价值。但凡是卓越的领导者，他们都具有一个共性——人格魅力无限，但是他们各自的人格却各有各的特色。秉承着德才兼备的用人原则，我国各级党组织对领导者展现出的人格魅力十分重视。现如今，我国强调发展社会主义市场经济，这并没有降低对领导者的要求。中华民族传统美德之一就是忠诚正直，坚持正义，这八个字也集中体现了领导者的党性原则。中国古代传统美德具有一定的时代局限性，倾向于“清高自守，独善其身”，强调人格的自我完善，缺少现代社会需要的进取心与责任感。现代社会中，领导者想要在事业上做出一番成就，决不能独善其身，领导者肩负着企业的发展命运，往小了说，对员工的发展与生活有直接影响，往大了说，直接关系到企业乃至社会的发展。因此，领导者在规范自身言行举止、提高人格魅力的基础上，对党和国家以及企业都要保证绝对的忠诚，热爱祖国、热爱人民、热爱工作、团结集体。领导者在日常的工作行为中要体现出忠诚，首先，要做到公平公正，无私正直，严格遵守规章制度，以崇高的人格对待工作、关怀员工。其次，企业的目标导向多主要为发展自身、做大做强，领导者要开拓格局，站在社会、国家乃至世界的高度上，将企业的奋斗目标从发展自我升华为服务社会，企业的命运与社会的形势息息相关，如果没有一个稳定、先进的社会形势，企业在混乱的市场经济下也难以独善其身，因此，企业要担负起应有的社会责任，帮助国家发展社会主义经济，稳定社会形势，坚决抵制外来邪恶风气，稳定人心，坚持社会主义核心发展观，杜绝腐败、假冒伪劣的现象，打造良好的社会风气，在提升企业效益的同时推动社会效益的发展。

3. 注重伦理道德的实践性

伦理学不在乎人们做事的动机，只注重行为效果，在个人利益与他人利益以及社会利益发生冲突时，主体道德要求我们严格约束自己的行为，消除利己主义情绪，以社会利益为先，必要时发扬“先人后己”的传统美德，尤其是对于领导者来说，更要发扬无私奉献精神，维护企业与组织的利益，在自身利益与大多数员工利益产生冲突时，具备牺牲精神，须知自身的言行举止时刻受到公众的监督，不可利用手中的权柄谋取私利、做出损害集体利益的事情。简而言之，领导者要做到宽以待人，严于律己，规范自身思想行为的同时应包容下属的非原则性错误，通过塑造道德品质来提高人格魅力，时刻注重对伦理道德的实践，为公众起到良好的模范带头作用。

4. 时常净化自己的心灵

同为地球人，每一个人都有权利与义务通过自己的努力认识世界、改造世界，以建造更美好的地球家园为人生终极目标。想要实现这个目标，除了需要无与伦比的智慧之外，还需要发挥心灵中善的力量。想要发挥心灵中的善，需要做到很多方面，包括不限于脱离低级趣味，克服人性中的肤浅自私，突破狭隘的以自我为中心理念，不局限于眼前利益，用长远的目光与思维挖掘事物的发展规律，用广博、客观、公正、无私的心去感悟并维持世界与社会中的和谐与秩序。要做到以上这些需要依靠内在的精神实践功夫，净化自己的心灵，实现灵魂的升华与超越，不断提升道德修养，剔除自身中所有影响社会安定和谐的消极情绪，塑造积极向上的独立人格。

5. 开拓进取，无私奉献

卓越企业家的成功之路普遍具有相同的阶段规律，即从最初的勤劳敬业、开拓进取，发展到后来的实业兴国、造福于民。由此可得，企业家想要获得成功，眼光要放长远，不能只局限于眼前的企业效益，而要着眼于社会乃至国家的发展，为人民谋福祉，这才是企业能够做大做强的关键因素。勇敢承担社会责任，树立更远大的企业目标，在享受国家带来的稳定社会形势的同时，也要视国家的兴盛为己任。虽然这种大格局给企业的发展造成了一定的压力，但压力同时也是动力，如何将压力合理转化为企业发展的不竭动力，是企业家的必修功课。在社会主义市场经济的开创初期，由于当时企业的现行制度不适应社会主义市场经济的发展规律，改革步伐又跟不上时代的节奏，企业的发展经营遇上了前所未有的困难，企业抓不住改革的机会，最后造成各种负担，导致人员闲置、人才流失，当时正需要勇于开拓创新的企业家精神。当时的企业领导的薪水普遍不高，与庞大的企业绩效形成强烈对比，这对企业领导的廉政品格也是不小的考验，对于社会上频频暴露的腐败现象，更为企业领导敲响了警钟，他们要不断加强思想觉悟，用崇高的奉献人格抵制社会上的种种诱惑，须知国家与人民给予他们的权力是用来造福人民、实业兴国的，不是作为他们以权谋私、沉湎享乐的防护罩，领导者必须建立更崇高的人生目标，锐意进取、坚守原则，不忘初心，迎难而上，追求事业上的成功，关心民间疾苦，维护社会与国家的利益，提高人格魅力。

（三）用诚信赢得忠诚，提高人格魅力

1. 珍惜荣誉，言而有信

诚信分开来解读，“诚”代表着言由心生，“信”代表着言行一致，总的来说，对人或者组织的诚实性和信用度的描述就是诚信，诚信存在于人或者组织的个性选择中。在传统意义上，诚信作为人品的核心部分，衡量着一个人的可靠程度与可信任程度。诚信是人的立身之本，无论是做人还是做生意都离不开诚信二字，体现在思想行为上，就要做到真诚重诺、童叟无欺。诚信作为基本的道德规范与义务，是团结集体、构建和谐社会、打造国际大国的基础元素。古语云：“一次不忠，百次不用。”无论是人还是组织，在社会生活中，一旦不尊重承诺，就会造成诚信破产，无法再轻易挽回自身的信誉，在一定程度上相当于无法在社会上立足。市场经济的最关键、最核心因素就是诚信道德。企业想要从激烈的市场竞争中脱颖而出，可以将“重信守诺”作为企业品牌，在公众面前树立诚信的良好形象，而如何保证企业的各个环节都做到诚实守信，则是领导者的工作重心，对领导者来说既是挑战，也是机遇，一旦成功必将带领企业实现产业升级。

大到国家与民族，小到组织与个人，良好的信用都对其发展起到巨大的推动作用。如何为企业打造“诚实守信”的品牌形象是领导者的必修课程。对于领导者来说，在行政工作中须持正守身，对待员工和公众应坦诚重诺，以身作则，起到良好的带头模范作用，抵制浮躁的社会风气，在组织内部营造诚实守信、积极向上的工作氛围，坚决杜绝假冒伪劣现象的发生。领导者只有将“诚信”二字融入行事原则与企业文化，才能带领企业在激烈的市场竞争中占据一席之地。

优秀的企业领导人对员工一定会产生极大的影响力，但是此影响力是来自领导者的人格魅力，包括其品德、气质、学识、风度等，而并非压迫性的权力影响。领导者想要提高人格魅力、增强非权力影响，可以从“诚信重诺”入手，信用是衡量一个人是否可以相交的重要标尺。作为信用的基础，诚实是中华民族传统美德之一，是人们塑造良好人格的基本因素之一。同时更要牢牢遵守诚信经营的原则，维护得来不易的商誉。对于我国企业领导者来说，为企业打造高度商誉的前提是塑造、积累个人信誉。树立高度的荣誉理念，着眼于个人形象的维护，赢得员工下属与社会公众的尊敬与信任。企业领导者良好信誉形象的树立，不仅可以提升企业的市场竞争力，还可以进一步提升中国的国际信誉，在全世界范围内推广中华民族的美好形象。从这个角度来说，企业领导者的行为举止代表着中国的形象，因此在国际商贸往来中，我国企业领导者为了维护民族形象和国家名誉，决不能背信弃义，不守信用。总的来说，企业领导者的立身之本就是诚信重诺，这也是融入企业文化、提升人格魅力的重要因素。

2. 襟怀坦荡，作风民主

根据领导有效性理论，对专制型领导、放任型领导与民主型领导进行比较，专制型领导强调领导效能，但是由此导致人际关系不佳；放任型领导过于在乎人际关系，却忽略了工作效能；而民主型领导则可以做到双管齐下，既保证了领导效能，又维持了不错的人际关系，因此，在当代社会，民主型领导模式是领导者的最佳选择，具有普遍的学习价值。领导有效性理论与“人性假设”理论的演变方向是相同的，“人性假设”理论中最初将人定义为“经济人”，随着理论内涵的不断丰富，在经历了“社会人”“自我实现人”的演进后，进入了“复杂人”假设阶段。近几年，随着社会经济的飞速发展，企业员工的薪酬工资、文化素养逐步提高，他们在工作中重视个人尊严，有意识地追求自我价值的实现。因此，我国相关研究学者又提出了“主权人”的假设。意味着企业员工的自我定位已经从为“企业打工者”变成“企业的主人”，对此，企业领导者在乐见其成的同时应为员工提供一定的条件支持，建立激励机制，充分调动员工的主观能动性，激发其潜力，为员工提供实现自我价值的机会和平台。这些举措都建立在领导者襟怀坦荡、作风民主的基础上。领导者要鼓励员工成为企业的主人，相信并依靠员工的力量，以公平、客观的晋升机制促进企业的良性发展。因此，领导者要作风公正，从心底里将员工当成企业的主人公，对员工的才能与贡献表达高度认同，在物质上与精神上对员工进行表彰与奖励，依托民主机制促进企业卓越发展。

第三章　领导力与心理学

心理学提供了人们认知自己、他人，利用人之心理达到目标的理论武器。领导者的心理素质的好坏是商业管理的灵魂关键。本章主要论述领导力与心理学相关内容，内容包括领导者的心理素质、领导者的沟通素质、领导者的激励素质和领导者的识人素质四个方面。

第一节　领导者的心理素质

领导者在特殊的领导活动中难免会产生特殊的心理现象，综合各方面的心理现象作为评估领导者心理素质的重要依据，领导者心理素质的好坏不仅关系到其工作的开展，还对企业的生产与发展产生直接影响，因此，领导者如何保持良好的心理素质是一个重要的研究命题。

一、洞悉他人感知自己

（一）领导者的社会角色

“角色”是社会学中的一个重要概念，是指一个人围绕其社会地位应具备的一整套权利义务和行为模式。角色也是社会对一个人的行为期待。

人在社会中扮演的角色与其身处的地位息息相关，因此，研究人的地位是研究角色的前提。社会体系中各个组织正常工作并发挥效能是促进社会发展的重要途径。而社会组织的正常工作，又有赖于社会组织内部每个成员都能自觉地坚持岗位，忠于职守，完成自己应当完成的任务，这就要求每个人都要认识自己的地位和履行自己角色的义务。

社会就好比一个大舞台，每个人都在这个大舞台上扮演一定的角色，每个角色都有其特定的心理特点和行为表现。当某人成为领导者时，这个人就取得了领导者的社会地位与身份，扮演了领导者角色，承担了领导者的责任，开始行使领导者的权利，履行领导者的义务，并应具备相应的心理素质。

（二）领导者的角色知觉

"知觉"是直接作用于人的感官的客观事物在人脑中的整体反映。它是人脑对客观事物的整体反映。领导者的角色知觉就是领导者对自己的社会地位和身份的认识。

领导者要认识到自己所扮演的角色的责任、权利和义务，按照社会赋予这一角色的特定的行为模式去行动。现代领导者的角色应该既是一个组织者、管理者，同时还是一个教育家、宣传家和鼓动家。为此，领导者必须勤勤恳恳地做好本职工作，履行领导者的角色义务，增强领导者的角色意识。

首先，领导者要时刻关注员工的表情语言等外部特征，进而判断其行为动机与心理倾向，这就是领导者对员工的知觉。有些时候员工对领导的决策与安排常常言不由衷，不敢表露内心真实想法，但是他们的表情与动作等细节会反映出其内心倾向，领导者要关注细节，了解员工的真实想法，从而对自己的决策与安排进行反思，对员工的特长与优势进行肯定，为其提供更合适的工作岗位与平台。在领导者与员工的情感交流中，彼此的外部特征与内部特征都会给对方留下深刻的印象。个人的内部特征由性格、气质、学识与阅历等多种因素组成。领导者对员工的观察也可以从这几方面入手。

人的表情作为表达情感的外部特征，是其真实情绪、行为动机以及心理倾向的综合体现。人们可以隐藏真实的想法，口不对心，却掩盖不了表情的自然流露。因此，领导者想要探寻员工的真实情绪时，需要仔细观察员工的表情，表情主要由面部表情、言语表情以及身段表情构成。

下属的面部表情的喜、怒、哀、乐的变化，反映了他的情绪状态；语言的音量、音色、音调、音速等体现了一个人的性格。性格开朗乐观的人，音量大，音调较高，说话的速度较快；而性格内向的人一般说话比较低缓。人身体的肩、腰、臂、腿、足、手的动作及身段表情，也能反映个人内在的心理活动，如人在灰心时“垂头丧气”，兴奋时“手舞足蹈”，焦虑时“坐立不安”等，特别是人的双手动作更能把其内心的秘密暴露无遗。

领导者常常会根据下属的仪表和外在的气质来判断下属的性格。例如，有的领导者看到某一下属老实厚道，对领导者言听计从，便推测此人是一个踏实肯干、以诚相待、心无诡诈的人，因此放心大胆地提拔任用，也许事实正相反。这就要求领导者做出正确的判断。

其次，领导者应具有对自我角色的知觉。

领导者不仅要对下属进行认知，还要对自己我进行认知，即对自己的身心状况作出正确的认知，对自己的能力、价值、态度作出客观的自我评价。

当然，一个领导者能对自我作出客观的评价很困难，往往借助与他人进行社会比较才能完成，即以别人对自己的评价为参照物。别人对自己的评价是自我评价的一面镜子。他人对自己的态度、赞扬、批评、友好、疏远等，为领导者的自我评价提供了一个基本的线索。领导者不能总是孤芳自赏，只有不断地和同事及下属进行社会比较，才能发现自己的缺点，不断地进一步提高自信心；同样，如果一个领导者总是觉得什么都不如别人，就会丧失信心和勇气，从而否定自己。

领导者的角色知觉，是领导者具备和提高心理素质的基础。

二、优秀心理素质造就成功领导者

领导者在进行领导活动时表现出来的心理现象的特点的综合就是心理素质。其本质是人脑的机能，是领导者对社会角色与角色知觉进行反映的客观存在。

在社会关系中，由于领导者身处特殊岗位，其人际交往与社会活动普遍具有复杂性，复杂的人际关系使得领导者的心理素质处在不稳定的状态，表现为具有多样性的心理活动现象。因此，领导者保障工作正常开展的前提是认清自己的定位，对自身扮演的社会角色以及需具备的心理素质有清晰的认知，从而通过多渠道的锻炼提升自身的心理素质。

一个成功的领导者要善于对自己的行为与决策进行总结与反思，不会沉湎于一时的成绩而止步不前，也不会被已犯的错误打倒而败给自己的遗憾，在失败中总结经验，不断挑战自己、战胜自己。通常他们都具备良好的心理素质，能够沉着冷静地处理一切突发状况，这对领导干部的事业发展有着最直接的影响。因此，对于领导者心理素质的考察是重中之重。

（1）了解领导者的心理素质状况，科学选拔和聘用领导干部

领导者心理素质的好坏直接关系到他的事业发展是否可以取得优秀成就。在科学的基础上，对领导者的心理素质进行研究，包括优秀心理与不良心理，从而建立起符合中国社会主义国情的领导者心理素质测评标准，对领导干部进行选拔与聘用。

（2）领导者优秀心理素质可以提高领导者运用领导艺术的能力

领导者要实现领导者职能，需要运用一定的领导艺术，调动被领导者的积极性。这就需要运用领导者自身的权力影响和非权力影响，发挥领导者威信的作用，协调好人际关系。通过激励和沟通方法，使被领导者在心理上对领导者产生认同，获得被领导者的支持，从而调动被领导者的积极性。

所以，领导者应该是具有一定才能和优秀品质的人，但领导者不是完人，在认识上会产生偏激，在情感上会陷入误区，在意志上也会有不坚强和优柔寡断的时候，甚至还会产生一些不健康的心理现象。所以领导者非常有必要培养良好的心理素质，进行积极的自我控制，及时纠正不良的心理。

（3）领导者心理素质的和谐有助于领导班子的优化

领导活动的主体常常是群体，因此优化领导班子是十分重要的，而领导班子的心理结构的优化又是关键。每个人都具有不同的个性心理特点，当个体组合成群体时，心理矛盾、个性冲突常常会表现出来。这就要求领导班子成员之间要有一定的心理相容和性格互补，具备高水平的心理素质，创造一个宽松、和谐的心理氛围，从而提高领导工作效率。

三、领导者心理素质的完整构建

素质原属生理学的概念，是指人的先天生理特点，主要是感觉器官和神经系统方面的特征。随着社会发展，素质这一概念的内涵不断发展，外延不断扩大，

已被广泛地运用于各个学科的各个领域。我们现在讲的领导者的心理素质，已经不仅仅是指生理学上的那些特征了，而且还包括领导者在一定先天禀赋的基础上，通过后天的实践和锻炼而形成的那些内在心理要素和基础性的条件。

所以，领导者的心理素质，一方面包括领导者先天的生理特征，即气质；另一方面包括领导者经过后天学习、锻炼和教育而形成的性格。

（一）领导者心理素质的生理因素——气质

气质是人的心理特征，具有典型性与稳定性。气质由心理过程的强度、速度、稳定性以及指向性等多种元素构成，综合体现了人的心理活动的动力特点。气质是人基于生理机制与神经系统类型的先天特征，在人的童年时期充分显现，虽然是先天形成，但是也受到外界环境的影响，随年龄与阅历的增长而变化。比如，如果在成长过程中，人受到教育以及重大事件的影响，会产生新的气质覆盖原来的气质。

根据传统的心理学相关理论可以把领导者分成胆汁质、多血质、黏液质和抑郁质四种不同类型的气质。

（1）胆汁质属急躁型。这种气质的人容易兴奋、激动，对自身情绪的控制性很差。但同时反应比一般人会更迅速、更敏捷。他们热情、性格急躁，心境容易发生剧烈变化。

（2）多血质属活泼型。这种气质的人对环境的变化具有很强的适应性。他们灵敏好动、精力旺盛、机智勇敢，对新事物充满好奇且能够迅速掌握其发展规律。缺点是常常三分钟热度，注意力不稳定，缺乏耐心。

（3）黏液质属安静型。这种气质的人缄默而沉静，灵活性差，反应比较缓慢，抑制性较强，善于忍耐，情绪不易外露，不管如何变化，都能保持平衡。但容易有惰性，不够灵活，适应性差。

（4）抑郁质属呆板而羞涩的类型。这种气质的人感情细腻，情感深刻而稳定，观察敏锐，做事小心谨慎。但行动迟缓，孤僻，腼腆，怯懦，刻板。

具有上述四种典型气质的领导者只是少数，大多数是混合型的，只不过某一气质在一个人身上表现得比较突出而已。人的气质无好坏之分，每一种气质，对领导者既有利又有弊，各种气质类型对领导工作的影响既有积极的一面，又有消极的一面。

（1）胆汁质的领导者的长处是热情、坦率、精力旺盛、工作主动性强、办事果断、工作效率较高，短处是脾气暴躁、易发怒、工作不易深入，缺乏耐心。

（2）多血质的领导者的长处是思维活跃，富有创新精神，有较强的应变能力，能很好地处理人际关系；缺点是工作兴趣易转移，情绪不稳定，不能从事艰苦的、时间较长的工作。

（3）黏液质的领导者的长处是沉着、冷静、坚韧、工作踏实、善于克服困难、自制力强；缺点是工作缺乏创造性，接受新事物比较慢，灵活性差，不适应当今竞争、多变的社会。

（4）抑郁质的领导者的长处是观察力较强，工作细致深入，思维缜密，认识问题、分析问题比较深刻；缺点是性格孤僻，不易联系群众，优柔寡断，决策缺乏果断性，感情脆弱，经不起大的打击。

气质只影响领导者智力活动方式，并不决定领导者活动的社会价值和成就高低。每种气质的人，都可以成为伟人和天才。以俄国作家为例，普希金有明显的胆汁质的特征，赫尔岑有明显的多血质的特征，克雷洛夫有明显的黏液质的特征。

不管是哪种气质的领导者，都有自身的优点与不足，重要的是对自身的气质准确把握，积极改进，扬长避短。历史上成功的领导者虽然气质各异，但他们都充分发挥了自身气质的优势，把自身气质的不利因素减到最低点，这是他们取得成功的重要一点，也是自我修养的重要内容。

领导者要加强对心理学相关理论的学习，对自身与员工的气质进行精准的了解与判断。这样才能充分挖掘员工的长处，为其安排合适的工作内容，充分发挥员工的创造性，提高工作效能。

（二）领导者心理素质的实践因素——性格

性格是一个人对现实的稳定的态度和习惯化的行为方式。性格是经常性、习惯化了的态度和行为，一时的、偶然的态度和行为并不能代表一个人的性格。例如，某领导者一向处事认真、细致、严谨，但由于某种特殊的原因和在特殊的情境中，对某事的处理却表现得粗心大意，马马虎虎，我们不能因此就断定这位领导者的性格是粗心大意，这位领导者的性格仍然是认真、细致、严谨。

性格作为一种心理现象，反映并记录人的生活经历，具有复杂的多维结构。领导者的生活条件、所受的教育以及从事的实践工作都是塑造其性格的因素之一。

虽然古语云：江山易改，秉性难移。但这并不是说人的性格固定不变，而是说人本质具有惰性，不易改变已经养成的行为习惯。随着生活环境的变化，人的性格也会受到各方面的影响。领导者应提高自我控制能力，有意识地向积极的方向调节自己的性格，通过自我激励的方式，对自身的心理与行为进行规范与提升，实现人格的完善，加强心理素质。

四、成功领导者优秀的心理品质

（一）自信

自信是指领导者对自己的基本品质和能力具有充分信任的心理性格。它是领导者首要的心理素质。在促进成功的各种因素中，金钱、地位、亲友都不如自信这个先决条件重要。在走向成功的道路上，必定会遇到金钱与亲友解决不了的困难与障碍，外界支持帮不上忙，只能靠自身内部品质——自信，它可以为领导者提供百折不挠的毅力、迎难而上的勇气，帮助领导者实现事业上的成功。纵观上下五千年，细数各个领域的伟大领袖，我们可以发现，在他们身上拥有共同的特质，即自信。无论从事什么行业，最初一定要坚定信心，才能排除万难，朝着目标一直奋斗。这种自信心坚强到任何困难艰险都不足以使他们怀疑、恐惧的程度。这样，他们就能所向无敌了。

哈佛大学杰出的心理学教授威廉·詹姆斯曾经写过 6 句话。这 6 句话很可能对我们领导者一生产生深远的影响。这 6 句话是阿里巴巴勇探宝穴的开门口诀：几乎无论任何课程，只要你对它满怀热忱，就可确保无事。倘使你对某项结果足够关心，你自然一定会达成。如果你希望做好你就会做好。假如你期望致富，你便会致富。若是你想博学，你就会博学。只有这样，你才会真正期盼这些事情，心无旁骛地一心盼想，而不会费许多心神再去胡思乱想许多不相干的杂事在前进的道路上，假如总是胆怯和害怕伴随着我们，那么我们就永远不会成功。

自信不是自负，可以理解为精神上的狂放与浪漫，而谦虚就是基于现实，对他人表达尊重，是成熟的标志。一个优秀的领导者必定是自信热情而又谦逊有礼的，领导者应将自信与谦虚进行有机结合，作为日常工作的行为准则。

（二）意志

意志是潜藏在内心深处的一种心理素质，直接反映在人的行为细节中，具有果断性与顽强性的特征。一个领导者一旦有了必要的目标之后就要为之进行奋斗。在朝着目标行驶的过程中，领导者会受到来自多方面的打击，比如政坛竞争、战争动乱、经济倒退等，如果领导者没有强大的意志力做支撑，必定会中途折返，永远到达不了理想目标的彼岸。意志力强大，才能越挫越勇，不惧艰难险阻，永远斗志昂扬，为事业献身。意志的果断性十分关键，想要获得成功，只有聪明才智、反应敏捷、坚定信念等是不够的，还需要有为取得重大成就而迅速作出决定的果断性。

（三）毅力

毅力是一种难能可贵的心理品格，领导者树立奋斗目标后就得持之以恒地为之付出努力，树立“不达目的誓不罢休”的冲劲儿。以日本本田汽车创始人——本田先生的事业为例，本田先生具有强大的毅力，在他面前，任何问题与挫折都无法阻挡他前进的脚步。在他心里，解决困难就像田径跨栏运动，想要抵达终点红线，必定要跨过一个又一个挡在面前的栏杆。现如今，本田公司享誉国际，已经成为世界上的顶端企业之一，在美国的进口汽车中销售量排名第二，这些巨大的成绩都是以本田先生强大的毅力为支撑，优秀的心理素质使得问题和阻碍不仅没有阻挡他脚步，反而成为他进步的跳板，一步一步、脚踏实地地走向成功的终点。

（四）乐观

乐观是指领导者面临挫折仍然坚信事情必会好转。乐观是让困境中的领导者不致流于冷漠、无力感、沮丧的一种心态。乐观也和自信一样会使领导者人生旅途更顺畅。领导者的乐观就是指在工作中，若做出成绩，则再接再厉、充满自信，若遭遇挫折，则再攀高峰、毫不气馁。领导者要做到宠辱不惊，勇于挑战自我。

有些领导者面对困境总保持着乐观的情绪，并努力去解决难题，而有些领导者则怀疑自己没有达成目标的经历、能力和方法。许多研究发现高度乐观的人具备若干共同特质：能自我激励，能寻求各种方法实现目标，遭遇困境时能自我安慰，知道变通，能将艰巨的任务分解成容易解决的小的方面和环节。出色的领导者浑身都有一般火热、快乐的劲头，他们不仅自己乐观、积极、向上，更重要的是他们能把这种情绪散发出来，像一块磁铁一样，强有力地影响他们周围的人和事。

执掌着各个领域大权的领导者都应该明白，如果试着干某事而没达到期望的结果，那么这只是一种反馈。领导者完全可以利用这种反馈的信息，努力从每一次经历中吸取养分，更明确地知道需要干什么、怎么干才能得到希望的结果。抛弃“失败”，才能抓住乐观。平庸之辈才会相信失败，伟大的成功者从没有意识到失败的存在。

（五）克制

克制即自我控制。领导者通过多种渠道锻炼、加强自我控制能力，以便实现企业赋予的领导目标。在自我控制的过程也是主动掌握自身行为与心理的过程，作为企业的领头羊，领导干部更应该学会控制自己的情感，抵制外界的不良诱惑。

在商品经济条件下，克制还表现在领导者能经得起金钱、地位、权利、美色的诱惑。在市场经济大潮的今天，领导者必须要有较强的自控能力，领导者一定要严格要求自己，不为私欲所动心。如果稍加放松，迁就私欲，就会欲罢不能，悔之晚矣！须知：千里之堤溃于蚁穴！

领导活动一般来说都是在人群中完成的，由于每个人的思想、行为都存在着很大的差异，人与人之间免不了产生摩擦，特别是上级与下级或同级的同事之间。这就首先要求领导者必须适应整个领导过程的需要，通过自我意识的调节，使自己在活动中维持适宜的行为，以保证自己的行为和实现的领导目标一致。

领导者的自我意识水平与自我克制能力是息息相关的，一个自我意识水平较高的领导对自身行为的约束与克制也是规范的，他们在思想出现动摇或行为触及规则边界时会自觉调整心理、规范行为；而自我克制能力差的领导者的自我意识水平也较低，需要借助外界的干预才能及时调整自己的内心与行为。

第二节　领导者的沟通素质

沟通是一个社会心理作用的过程。对领导而言，目标信仰、情感需求、认知态度、专业爱好、性格等因素对沟通协调具有不可忽视的重要影响作用。良好的沟通协调能增进友谊、加深理解、增加共识、彼此信任，极大地推进工作与事业的发展。

一、人际交往，重在沟通

随着经济环境的变化，员工趋向个性化与多元化发展，对领导者的管理工作造成了一定的挑战，领导者要协调好上下左右的关系，获取员工的支持与信任，沉着冷静、客观公正地处理工作中的问题和矛盾，善于挖掘每个员工的闪光点，为他们安排适合的岗位与工作。协调就是领导者的工作重心，企业就是一个庞大的机器，只有疏通各个环节使其协调配合，才能催动整个机器的运转。在这个过程中，离不开领导者的统筹安排与协调沟通，一个优秀的领导者可以实现企业与员工的双赢。

（一）沟通从“心”开始

中国移动通信公司有一句家喻户晓的广告语：“沟通从心开始。”这句话和“科技以人为本”有异曲同工之妙，都是尊重人的典范。人际交往中“尊重”这个词听起来、说起来容易，做到却很难。“尊重”是一种很高的人际修养，是由里而外透射的领导人格魅力，而这种领导人格魅力是需要通过不断修炼积累才能得到的。作为成功的领导，要协调好各种人际关系，必须是发自内心地尊重每天与你交往的人，而不是时时拿利害关系来衡量和对待他人。只有在和别人交往中尽心竭力，才能为领导工作积累起良好的人际关系。

尽管领导可以对社会交往的局面进行操控，但是这样往往带来最后的领导失败。良好的领导关系和人际局面本身就包含对他人的尊重。尊重身边的工作人员、尊重自己的部属、尊重领导工作中打交道的每一个人，这样的领导无形中就赢得了宝贵的亲和力。所以说领导工作的协调沟通要从尊重开始。尊重也就是从内心深处承认人是平等的，关爱他人。当尊重他人成为你人格的一部分的时候，你也会受到真诚的回报，领导工作得到顺利地开展。

领导者与员工之间虽然是上下级关系，但是在人格的角度上是平等的，领导者强调来自下属的尊敬时，也应该做到尊重下属的人格、对其劳动成果与价值给予肯定，以心换心，坦诚相待。如果一味地用权力来压迫员工，这样的领导是无法得到员工真心的崇敬与信任的。身处领导职位，难免会自视甚高、自我膨胀，对待下属的态度敷衍随意，不接受来自大部分员工的意见，刚愎自用。这样的情况屡见不鲜，不利于在组织内部营造平等、和谐的工作氛围，严重影响组织的发展。领导者必须加强对管理艺术的学习，自我警惕，不断反思、完善自我人格，提升人格魅力。可以从以下几个方面入手。

其一，将下属、员工同样当作企业的主人。对待上级、同事与下属都应该一视同仁，就事论事。领导者应该把员工都称呼为“同事”，以表达对他们的尊重与肯定，须知在工作中，大家只是扮演着不同的角色，不管职务大小都对企业有着重要的作用，领导者务必要做到对员工的尊敬。

其二，对员工的成果给予肯定与认同。现如今，员工普遍追求自我价值的实现，领导者想要调动员工的工作热情必须在精神上对员工的成绩进行表彰，荣誉感比受挫感更能激发员工的主观能动力。因此，领导者要对员工多加理解与包容，员工犯了非原则问题，不要一味地责备谩骂，对于有责任心的员工，责备会严重打击他们的工作热情，限制其创造能力。所以，领导者对于员工错误的正确做法是提供建议，而非苛责。

其三，保障员工拥有个人时间。加班不是提高工作效能的有效方法，领导者要着重提高员工的工作效率，不占用员工的私人时间。员工的生活与工作同等重要，努力工作也是为了获得更好的生活，劳逸结合才是提高工作效率的最佳方法。领导者要保证员工有足够的个人时间陪伴家人、发展个人爱好，养精蓄锐，这样才能用更饱满的精神状况回归工作。因此，在下班时间，领导者不应给员工安排工作事宜。

其四，尊重并包容员工的个性差异。在工作中，领导会遇到各种各样的人，他们拥有不同的背景、不同的性格与不同的生活经验。领导者应秉承着求同存异的原则，以促进企业发展为共同目标，对员工多给予包容与理解。有才能的人大多具有独特的性格与气质，领导者不应用有色眼光看待个性化的员工。所谓“海纳百川，有容乃大”，一个优秀的企业就像大海一般包容万物，领导者要担负起责任，在组织内部营造宽广的人际氛围，为不同个性的员工塑造共同的目标与价值观。每个员工都具备各自的独特性与创造力，为企业创造不同的贡献与价值，对于这种人才的多元化，领导者的管理模式也要不断更新完善，墨守成规的做事方法满足不了企业与员工的需求。领导者应提高人际交往能力，善于用不同的方式与不同的人沟通，消除主观偏见，对事不对人，客观、公正地对待每一位员工。

领导者的人际效能与其对人性的尊重程度成正相关，尊重别人才能换取别人的尊重，领导者提高工作效能的关键就是加强人际交往能力，用平等、公正、包容的态度对待员工，在企业内部打造和谐的工作氛围。

（二）人情练达即文章

世界五百强的美国通用电气公司（GE 公司）用人的四大标准是：亲和力强，忠诚可靠，业绩能力突出，重用；有亲和力，忠诚可靠，业绩一般，培养使用；有亲和力，弄虚作假，花言巧语，有能力，谨慎使用；亲和力差，不诚信，能力弱，弃而不用。可见，人际沟通是识别人才、建立关系的重要前提，也是衡量领导亲和力的一个重要指标。领导干部要充分发挥沟通积极作用，善于处理好方方面面的人际关系。和谐的人际关系犹如空气之于人，水之于鱼。每个人都是单翼的天使，只有拥抱在一起才能飞翔。“拥抱在一起”就会产生巨大的能量，从这个意义上说，人际关系也是生产力。现代社会的人际关系脉络是庞大而多元化的，具有多层次、变化急剧等特点，领导者在日常工作中要处理来自四面八方的人际关系，复杂且微妙，稍有不慎就会造成麻烦。领导者的管理是门艺术，想要提高领导效能，应该着眼于开拓、维持人际关系，充分发挥领导才能，协调上下、团结集体，用强大的人格魅力赢得员工与群众的尊敬与信任。有句名言说，成功等于15% 的专业技能加上 85% 的人际关系和处世技巧。尤其是在创造性领导活动中，领导者有 60% 以上的时间和精力用来处理各种复杂的人际关系。这也表明，能否较好地掌握协调人际关系的领导艺术，往往是一个领导者是否具有影响力号召力的基本指标。

作为社会的管理阶层，领导者的心理素质直接影响到社会的心理环境。领导者的人际活动如果长期处于不和谐、不稳定的状态，日积月累就会使领导者的心理素质出现问题，进而在处理一些重要问题时下达错误的决策，同时下属不服管、推卸责任造成工作失误。这就要求，在聘用领导者时要对其人际交往与协调能力加以考察，避免因领导者协调不力、难以服众，出现人际效能降低、工作脱轨、团队人心涣散等情况。有人戏言，领导与各个方面打交道，能有处理不好的关系？领导经常出入各种场面，会有社交障碍？好像在领导者身上人际协调出问题是不可能的。事实上，很多领导者都在不同程度上有人际关系困惑和沟通困难的问题。很多领导者在人际协调和沟通方面都存在心理上的误区，比如说领导者在人际交往中的自大自恋倾向、猜疑心理、圈子心理、角色固着、关系依赖症和惧怕上级等。

因此，每一个领导都需要对自己的人际关系情况做一个清晰的了解，评估自身的人际协调能力，通过多种渠道、有意识地去锻炼自身的人际交往能力与沟通技巧，保障工作的顺利开展，有效提高工作效率。通过树立“关系也是领导力”的观念，在实际的各项领导工作中积累锤炼，实现“工作好干，关系好处”。

（三）沟通也是领导力

“两个和尚抬水吃，三个和尚没水吃”，这是讲合作的好处，也讲到责任扩散的规律，“众人拾柴火焰高”“团结就是力量”等名句都从不同的角度告诉我们合作团结是多么的重要。但是在领导活动中有一个现象始终困扰着人们，那就是窝里斗现象，比如立山头、拉帮派、圈圈子。立山头也好，拉帮派也好，圈圈子也好，都会导致人际关系恶化，人际效能低下，班子凝聚力的下降以及彼此力量的相互抵消和耗损。

社会心理学认为，人际内耗在领导班子里普遍存在，以利益为中心，形成多个小团体，小团体的中心即为领导者，随着利益的变化与领导者职位的变动，小团体的结构也会发生变化，这就导致领导者身处利益矛盾中心，在不健康的人际交往中浪费很多精力，造成领导班子内部的精力消耗，产生不团结集体、窝里斗的不良现象，总结如下：（1）自己不想干，也不愿意让别人干出成绩，对别人的劳动成果嫉妒挑剔，甚至故意捣乱。（2）大家长思想严重，循规蹈矩、不知变通，自以为是、固执己见，虽然本意不是把事情弄坏，但是墨守成规的行为原则压制了创新思维，做不到集思广益、博采众长，最终错失发展机会。（3）争坐第一把交椅，不愿辅助别人，当了副手后不仅不帮忙出力，反而捣乱拖后腿，给主角拆台，做事只考虑自身得失。（4）搞小团体，行为动机是对人不对事，把哥们义气用在组织内部，靠远近亲疏来安排人事、审核成果，对于亲近的人，不管能力如何都给予过度的肯定；对于疏远的人，即便才能出众，也要打压挑剔。总的来说，看人不看事。（5）工作重心不是放在如何把事情做好上面，而是整日思虑人际关系，拉帮结派。（6）队伍内部不团结，造谣生事、搬弄是非、挑拨离间的情况屡有发生，为了小集体的利益请客送礼、收受贿赂，利用手中的权力进行权钱交易。

二、人际沟通的类型和影响因素

人际沟通是指人与人之间的信息交流过程，人类的大部分时间都是在沟通过程中度过的，比如我们与别人交谈、看电视、听讲座、看书等。沟通的深度和广度将直接影响到人类社会的生存质量，因此是非常重要的。狭义的人际沟通是指人们在互动过程中通过某种途径将一定的信息传递给另一个接受信息的人；而广义的人际沟通则是指人类的整个社会互动过程，通过这种互动过程人们可以交换观念、思想、知识、兴趣、情绪等信息以及相互作用的个体的全部社会行动。

人际沟通是当代社会心理学非常重视的一个研究领域，我们通过掌握它的一些基本特点来对它进行研究。首先，人际沟通双方都是主体，并且沟通的发生是不以人的意志为转移的。人际沟通的过程中是一个互动的过程，在这个过程中沟通双方都有自己的目的和动机，同时也关注对方的有关情况，他们积极主动地参与沟通交流，以争取达到自己想要的结果。其次，人际沟通是一个连续的过程，在这个互动的过程中人们根据不断接收的信息来调整自己下一步的行动。人一生的发展都是在不断的沟通中实现的。最后，人际沟通获得的信息是整体性的。我们在调整自己的行动时所依据的沟通信息，往往是所有各种沟通途径所能获得信息的一个整体，包括一举手、一投足、每一句话、语调、表情、姿势和对人的态度等，只有这样我们才能更为有效地进行沟通，理解别人。

（一）沟通的类型

人们进行交往沟通的类型有很多种，在沟通的时候也往往是几种类型同时参与其中。在这里我们主要讨论几种主要的人际沟通类型。

1. 语词沟通和非语词沟通

通过语词符号来实现的沟通就叫作语词沟通，语词沟通是所有沟通形式中潜力最大的一种沟通，因为语词沟通包括了两种形式：口头上的沟通和书面上的沟通。口头上的沟通对于绝大多数人来说是最方便、最有效的交流方式，也是使用最广泛的一种方式。领导者尤其是在工作中与下属沟通时，要注意自己的沟通的方式和技巧；要学会多为员工和下属考虑，在沟通的过程中不要只单向输出自己的观点，也要学会和员工双向交流，多带给下属积极正向的鼓励，并且在表达自己想法时要直截了当，便于下属理解和接受。书面沟通比口头沟通在表达的方式上更加的正式；公告、广告、文件、报纸等都是书面沟通的一部分。领导者在使用书面沟通的方式时也需要学会精确和简洁地表达，这样才能使他们的意图明确，所使用的语言为了能够清楚明了地表达出自己的意思也要非常简洁有力。

非语词沟通，也被称为非语言沟通，是指包含着除语言交流以外的交流方式，如肢体语言上的表达、与非语言声音和空间距离的接触等沟通的方式。显然，非语词沟通和语词沟通虽然在表达方式上存在很大差异，但是两者在实际沟通的过程中是非常重要的，领导者要想和周围的下属和同事拉近距离就需要在态度上平易近人，在非语词沟通的表现中也要十分注意。

2. 正式沟通和非正式沟通

正式沟通和非正式沟通的区别在于沟通的情境，也就是在正式的社交场合还是非正式的社交场合进行沟通。领导者在公开场合的讲话是其领导能力的一种体现，要提高这种能力就要使自己的讲话充满激情和富有感染力，同时更要注意精辟简洁、短而有用，这是成功讲话的必备条件。

3. 群体沟通与大众沟通

群体沟通中除了有普通的人际沟通之外，还包含了许多新的特点，出现了沟通网络结构、沟通群体效益、沟通对群体士气的影响等新问题。而大众沟通主要是通过广播、电视、报纸、杂志等大众媒介实现的信息交流，它的显著特点是影响广泛而深远。作为新时代的领导，怎样利用好大众传媒来扩大影响，更好地实现与群众的沟通也是一个值得思考的问题。

（二）影响沟通的心理因素

社会知觉既是人际交往、社会化的前提，同时又是交往的结果，由于人际关系的复杂性，在社会知觉过程中难免会存在一些偏差，影响人们有效地沟通。常见的主要有下列几种。

1. 首因效应

首因效应是指双方在交往中形成的第一印象对以后活动的影响，所谓的“先入为主”。首因效应与第一印象不同，它主要强调的是第一印象的影响和效果。良好的第一印象将为人们以后的工作和交往提供很大的方便。相反，如果一开始就留下了一个比较差的印象，那么在今后相当长的一段时间里这种印象可能会给你的生活带来不必要的阻碍。

领导者在工作中应当尽量避免首因效应的影响，做到不以貌取人，以学历取人，或者以资历取人，在工作中要讲求实效，注重实绩，以事实说话，以成果说话。这样才能在组织中形成一种公平的气氛，有利于激发下属积极进取的精神，从而推动整个部门的进步。

2. 近因效应

最近获得的信息给人留下的深刻印象和强烈的影响叫作近因效应。近因效应主要产生在与熟人的交往中，同样也存在于上下级之间。常常有这样的情况，一向被上级认为平庸无为的某个下属因为最近在工作上的一个表现而使领导对他刮目相看，印象大为改观；同样，一向关系和睦的上下级之间因为下属一句无心之语而令上级耿耿于怀，从而影响原先对下级好感的情况也屡见不鲜。一旦出现这样的情况，作为领导者必须要保持冷静的头脑，正确分析，理性思考，摆脱近因效应的影响，以一贯的态度来工作和处理与周围人的关系，这样才能保证领导工作的正确性，建立和谐的上下级关系。

3. 晕轮效应

晕轮效应，又称光环效应，指的是对一个人的某些品质和特征有了清楚明了的认知之后，对于这个人的其他品质和特征就不能客观地认知和评价了。领导者要想在管理中摆脱光环效应的负面影响，首先，根据观察到的信息，客观地、实事求是地评价下属；其次，在观察下属时，也要尽量做到全面、客观，对一个人进行分析和评价时，不应一味看重表面的、片面的个人特征，不应该认为一个人具备了一个优点，就可以忽略他的其他缺点；最后，在评价下属时，不要把第一印象带给别人的影响考虑进去。在许多情况下，光环效应和第一印象是直接相关的，错误的第一印象直接导致了光环效应。

4. 刻板印象

刻板印象，或者是刻板化，也可以叫作定型化效应，是把从各种渠道获得的对一个人的印象应用于整个类别的人，并做出相应的推断和总结。这样的做法是非常错误的，犯了过度概括的错误，总结性的结论不能够从数量有限的范本中得出。刻板印象的负面影响是不容忽视的：刻板印象不能够从每个人的具体性格和特征上加以分析，形成的印象是片面而且不够客观的，经常造成对人的误解，而且在偏见的形成中发挥了重要作用，使人们的认识不够灵活多变，不利于人与人在工作和学习过程中的交流和合作。

刻板印象也常常会影响到管理者的观念，进而影响到日常的管理活动。因此，在和下属相处和工作中应该放下偏见。例如，认为所有男性下属的工作能力一直都比女性下属的强，这个观念明显是受到了性别不平等看法的影响；还有一种普遍的偏见就是，认为本科生不如研究生，大专生不如本科生等，这种古板的想法主要受到了唯学历论思想的影响。这不利于在部门中形成平等团结的竞争环境，从而对部门的凝聚力产生了一定的负面影响。

三、提升领导人际沟通力

领导者要学会沟通，因为领导者与他人的沟通与普通人之间的沟通不同，领导者沟通的目的就是为了组织目标能够更好地实现，在沟通的过程中主要是以信息、思想和感情的沟通为主要方式。沟通的信息是否客观、真实是保证沟通成功与否一个重要的参考。

（一）人际沟通主要心理障碍

人与人之间的沟通作为一种基本的交流能力，对领导者来说是至关重要的。人与人之间的沟通要求领导者有能力关心人们，并且能够理解他们并说服他们。在平时就要拉近和别人之间的距离，学会倾听，扩大人与人之间的联系，建立多样的工作关系，并与周围的人交流想法和感受。如果一个领导者能够做到这些要求，就有可能成为下属的知己，在工作中肯定会得到下属的全力帮助和配合，并取得事半功倍的效果。然而，在实践中，有一些心理因素影响着沟通，其中有些因素对人际沟通的过程和效果产生不可忽视的影响。

1. 猜忌

有这样一种人，对所有的人际关系都持怀疑态度，他们在人际关系中过度保护自己，认为周围人和自己的人际往来都不是真诚的，认为自己不能够相信别人。这种过度的自我保护可能是由于缺乏自信或者是一些过去的经验带给人一些心理上的创伤。无论什么原因，一旦对人的人际关系处理产生影响，就会使人不敢主动进行人际交往互动，随着时间的推移，越不想交往就更加封闭，影响到这个人的心态，逐渐孤僻起来。

就领导者而言，领导力的水平取决于是否能够善于用人，而怀疑别人的心理就是领导者最为注意的一个心理。如果一个领导者经常怀疑别人，说明他对下属不够信任，即不知道该用谁，处处提防，如果经常产生怀疑的心理，不仅不利于领导者工作效率的提高，也不利于下属在自己的岗位上发挥出创造力和潜能。作为一个成功的领导者，就要在用人的过程中把怀疑的心理降到最低，不仅要能够包容并且支持比自己更有能力的人，还要在工作的过程中学会授权和放权，这样才能吸纳人才，最大限度地促进组织的建设。

2. 嫉妒

可以说，自从人类社会产生，嫉妒就伴随而来了。嫉妒既有积极作用，也有消极作用。在一定范围内的嫉妒可以是积极的，因为它可以激励、鼓舞人们努力追求卓越，提高自己的能力和水平。然而，嫉妒在社会生活中更多地还是表现为消极的负面作用，在人际关系中，嫉妒往往表现为强烈的排他性，也就是想要自己独有一个物品或者是拥有一个人，这可能导致嫉妒行为的出现，有时表现为过激的心理或者是行为。嫉妒心强的领导者在事业的发展道路上是有限的，因为他对待有能力的下属不够包容，或者是也没有办法忍受同级别的人在业务上有所进步。身边出现了能力较强的人，首先想到的不是如何向他人学习，而是采用一些手段排挤他人，这样的行为不能够留下人才，久而久之，组织中只剩下平庸的人，没有人才的组织不能在未来拥有长远的发展。虽然羡慕别人的才能是人之常情，尤其是那些比自己更优秀的人，但作为管理者应该尽量不把这种想法流露出来，即使有这种想法，也应该转化为忧患的意识，不断提高自己的管理能力，也要从各个方面提升自己，最终实现把优秀人才收入囊中的效果。俗话说得好“宰相肚里能撑船”，能够在事业上取得巨大成功的领导者都是能够成功调整嫉妒心态的。

3. 自卑

自卑是一个人的情绪体验，由于某种心理上的问题或其他原因，习惯性地贬低自己，认为自己在一个或多个方面不如别人。事实上，自卑的原因往往是心理上存在一些不足，主要与缺乏自信等心理联系起来。这些人倾向于将自己的弱点与他人的优点进行比较，他们越是自我比较，就越不自信，如果将这样消极的心理暗示持续下去，自卑的心理也就容易产生。此外，自卑产生的一个重要原因就是性格的内向。

自卑是成功的绊脚石，但领导者最需要的一个品质就是自信。一个有主见并且十分自信的领导者会积极采纳别人的建议，不会担心自己的领导地位被他人所取代，许多的人才也会折服在他的魅力之下，当然，许多优秀的人才也能够被他所用。如果一个领导者缺乏自信，只能忍受平庸之才在组织中的存在，那么组织的未来也不会非常的光明。同样，只有领导者在足够自信之后，自己才能信任自己的决策，才能把所决定的决策执行下去，而不会在关键的时刻怀疑自己，影响到组织决策的实施。

4. 自负

主要表现为自我感觉过于良好，喜欢自我标榜吹嘘，生活上吹吹拍拍，工作上刚愎自用，对下盛气凌人，对上挑剔藐视，固执己见。自负心理往往是造成领导关系紧张的主要诱因。为此，领导者要虚怀若谷，谦虚谨慎，要礼贤下士，尊重他人。在工作中以平等的态度对待下属，学会换位思考；对下属的个人和家庭中遇到的困难要加倍关心和照顾等，只有这样的领导者才是受下属欢迎的领导者。

（二）提升沟通影响力

1. 与上级的沟通

一个人在组织中既可以是组织中的领导者又是被领导的人。要在这两个角色中都取得成功，就要学会怎样根据自己的身份及时地转换和运用沟通的技巧。作为领导的下级，必须始终尊重、积极配合上级的工作和支持上级所做的决策。工作中的下属要通过尊重来维护领导的权威，包括尊重领导的人格和领导的决策，但这种尊重不是对领导阿谀奉承，而是积极加强与领导的关系，充分领会领导交代的任务和沟通时的意图，这一切都是以自己做好本职工作为基础的。作为下级要主动为上级分担工作中的问题，有时甚至要在自己的工作中做出让步；还必须有大局观，积极帮助上级完成工作。

牢记“下级服从上级”这一基本原则在工作的过程中是十分适用的，如果领导者在实践中出现管理决策失误，或个人与领导者的意见产生了分歧，也要服从上级的安排，执行上级的决定，但在具体的执行过程中可以向领导者说明实际的情况，并客观地分析问题，最终根据自己的了解提出合理的建议，或者在组织目标实现后对实际操作过程进行小的修改和调整。

沟通的过程下级和上级需要在人际关系上保持适当的距离。如果和领导的关系太过疏远，在工作中理解上级的目的就会存在障碍。另外，如果在工作之外和领导的关系过于亲密，反而会影响到具体工作的处理和安排。

为了能够更好地发挥自己的主观能动性来执行上级下达的工作，并不断取得成功，下级需要学习以下几个方面。首先，学会以创造性的思维完成自己的工作。一般来说，上级只为某项工作提供目标、计划、规则和一些指导性的建议，至于如何开展详细的工作并完成组织的目标，则由个人决定。一方面，下级要对上级的要求有所了解，另一方面，需要根据具体的工作环境和情况，达到在工作中充分发挥自己能力和才华的效果。其次，要掌握领导者的个人特性和工作的风格，有时下级即使有很好的建议，但领导却不能接受，这是做了无用之功，所以要了解领导的风格，旨在用领导更喜欢的方式提出自己的建议或者是意见，这也是下级必须要学习的技能。下级在陈述自己的观点时，通常会准备几个备选方案，这就给了领导者一定的选择自由，每个备选方案都应简洁明了地说明其优点和缺点，以便领导者能够迅速做出决定。最后，作为下级，必须始终保持清醒和坚决的立场，不能够出现越位的行为，比如决策上的越位、态度上的越位、工作上的越位以及场合中的越位。和上级建立良好的关系需要在适当的时间和地点表达出适宜的语句。

2. 与下级的沟通

作为一个领导者，和下级的良好沟通就是为了更好地实现组织的目标，所以要求领导者不仅要在关键时刻做出正确的抉择，还要有可靠的下级来实现这些决策。作为一个领导者，沟通过程通常包括学习以下原则。

（1）平等待人

作为一个领导者做好人际关系工作的先决条件就是要做到平等对待每一个人。首先，领导者需要有正确的心态，不要因为教育、经验、职业或性别而对组织成员有不同的态度和对待方式。组织的协同性、成员中公开和诚实的态度都是领导者应该努力工作的方向，组织中的每一个人都应该接受和自己意见相符合的人，也要包容有不同意见的人。这种平等和包容的氛围有助于沟通的高效发展。领导者应该尊重下属在工作中的意见，并及时告知领导者所做的所有决定，让下属感觉自己的知情权得到了保障，让他们感觉到自己是组织中的一分子，从而提高工作的积极性。领导者还应该在工作中更多地关注下属，帮助解决下属工作中的障碍，以便他们能够更安心地参与到工作之中。

（2）以理服人

在与下属或者是同级领导沟通时，领导者需要记住，他们不是用自己的身份或者地位来让别人工作，而是通过说理以思想上的高度征服别人，通过陈述事实，给出理由，让下属信服，让他们同意并且接受领导者所做出的决策。所以在与下属沟通时，也要注意沟通技巧，从善如流、积极启发、学会换位思考。当出现分歧时，不要以比别人高一等的身份和地位强迫别人同意自己的观点，而要以包容的态度，与下属及同事耐心沟通。如果事实证明自己并不是正确的，要敢于承认错误并敢于纠正。如果有多种的意见和建议，要学会根据组织的需要进行抉择，寻找其中的道理，并得出最符合组织决策的意见。

（3）出于公心

领导者往往是一个部门或者是一个组织的领头羊，领导者的视线要着眼全局和集体的未来发展。因此，沟通时的出发点是组织的共同目标和利益。一个成功的领导者必须做到权力的实施是为了人民，感情要依靠人民，利益的获得也是为了给人民谋福祉。要想在组织中提高沟通的效率，领导者必须为大多数人考虑，在做出决策的过程中不能掺杂自己的个人感情和私心，只有这样领导者才能得到组织中多数人的肯定，得到下属的信任是使沟通得到保障的前提。此外，领导者必须从自己做起，带头执行他的决策，并努力说服下属同意他的决策并执行他的决策。

（4）双向沟通

沟通不是单向的尝试，属于一个双向的互动过程。在人际沟通的过程中，领导者必须记住，沟通过程如果成了单向的传达任务，那这个过程就是失败的，出现了问题。首先，领导者必须准确理解上级传达给自己的内容，在与下属沟通时，还必须注意适当使用语言，尽量使下属对所传达的信息能最快、最容易地理解。当接收到反馈时，应仔细考虑其重要性以及如何展开应对，并在一定时间内传达给别人。一个好的管理者不仅允许下属提出问题，而且还要让下属及时提出自己不理解的问题，以确保组织内部的顺畅沟通。沟通技巧在沟通过程中发挥着重要的作用，沟通时的表达要具体，在表达表扬和感谢的情绪时要非常真诚，批评时要学习批评的技巧，注意沟通中的语气，并多为下属思考。

（5）形式多变

沟通的方式多种多样，应根据实际情况选择适合某项沟通的方式，选择时应以实现组织的目标为前提。例如，如果情况紧急，不需要组织全体员工开会，有关人员可以当场组织工作会议，提高解决问题的效率；但是，如果出现了需要投票表决的问题，这个时候就需要全体员工的参与，尊重每一票在组织中的作用。

3. 与同级的沟通

在组织中一般情况下与上级和下级的人际沟通往往被人重视，但是同级之间的人际沟通却通常被人忽略。同级之间的人际沟通存在于同事之间，相同级别不同部门的人之间。这种人际沟通的特点是由于同级之间的级别、资历和文化程度等因素基本相同，所以不可避免地会存在一些竞争情绪，相互之间互不服气，甚至有时还会出现相互拆台的现象。要协调这一层关系就必须在沟通的过程中遵循豁达开阔、坦诚相见、互相尊重、平等对待、相互信任、为人正直、相互学习的原则。在同级之间要加强沟通，取长补短，发扬风格，淡泊名利，认真做好自己职责之内的工作，对别人职责范围之内的事绝不插手，真正做到权利不争、责任不让、通力合作，甚至有时要委曲求全，牺牲一己之利而顾全大局。当对方取得成绩时，为之悦；遇到困难时，助其力。努力将与同级的关系上升到公开竞争与竭诚合作的高度上，从而形成一种良性竞赛、共同发展的局面。

第三节　领导者的激励素质

激励指的是激发动机、改变态度行为的心理过程，它在领导活动中起着极其重要的作用，其目的就是通过调动积极主动性和创造性，充分发挥人的潜能，从而提高工作绩效。在领导工作中，各级领导者是激励者，同时又是被激励者。他们受到上级领导者的激励，同时又想尽办法激励自己的下属，努力提高组织绩效。

一、了解激励

根据心理学领域的研究，激励是一种管理上的手段，具体是以某种方式引发行为并鼓励其积极表达。激励由几个要素组成。第一，激励有一个具体的行为对象；第二，激励的目的是激励人做出的积极行为并能够为其提供具体的动力；第三，激励是为了使人的行为朝着一个特定的方向发展，即朝着组织目标或绩效期望发展；第四，激励关注的是如何维持和保持这种积极行为。为了达到这个目的不仅要将人的因素发挥到最佳，也包括环境因素发挥的作用，这两个因素影响着内在动机的强度和方向。每个人都受到激励作用的影响，包括自己给自己的激励、他人给自己的激励和组织给予个人的激励。由于激励会影响生产力，领导者的任务之一就是通过领导的技术发挥以及对下属的有效激励，使下属的行为可以和组织目标的发展相符合。

（一）激励的价值意义

激励在领导活动中具有重要作用意义，主要表现在以下几个方面。

第一，激励有助于加强需求和动机。人类的需求不仅是复杂的，而且有时是冲突的；冲突不仅存在于不同的需求之间，而且在类似的需求之间也存在不同的冲突。激励的目的是加强有助于实现组织目标的不同需求，而且对于组织中需求存在冲突的成员，应该分析其需要的内容组成，通过交流等方式对其内心中的成就感和发展需要进行再次激励，促进成员积极行为的开展，达到有利于组织目标发展的目的。成员受到激励之后做出的行为结果又会对个人的需求发展起到反作用。激励可以说是需求动机的调节器。

第二，激励是帮助发挥成员潜能，提高工作效率的一个绝佳方式。下属们工作的积极性和对下属才华的挖掘程度决定着领导者的工作是否成功。

第三，激励的方式可以帮助领导者吸纳游戏人才，提高成员的素质。一方面，有效的激励可以创造一种组织环境，认可积极进取的人，为有才能的人提供良好的生活和工作环境，最重要的是为有才能的人创造发展和充分表现自己才华的平台，从而改善整个组织的人才结构；另一方面，要学会如何激励，对表现优秀的成员应该给予多种形式的鼓励，对表现不足的成员给予适当的批评，并可以将批评和表扬的态度用物质的形式表现出来。同时注重福利和晋升方面的待遇，有效的激励有助于创造良好的工作氛围，有助于提高单位内部员工的素质。

第四，学会激励的领导者具有更高的领导水平。了解激励法则的领导者能更好地提高激励他人的能力，鼓励下属尽心尽力地完成上级布置的任务。组织中的成员所能感觉到的激励力度、工作中的努力程度、工作内容和其他因素都能够决定激励的水平。一个懂得激励艺术的领导者将能够采取适当的行动，调动成员的工作积极性。事实证明，领导者对激励的内容了解越多，就越知道应该如何开展领导活动，就越有可能成为优秀有效的领导者。同时，组织中的成员们在物质和精神上也都会得到激励。

（二）激励的基本过程

需要、动机和激励之间的联系表明，需要和动机是激励开始之前准备的内容。激励人类行为的过程是一个动态的过程，它刺激需求、激发动机、引发行为、满足需求、并导致目标的实现。从心理学的角度分析激励过程，实际上就是使用刺激引起人们需要、动机的不断兴奋，从而引起积极的行为反应的过程。

如果欲望和需求不存在或容易满足，就没有动力可言。激励始于需求和激励性反应。激励人类行为的过程是一个动态的过程，它刺激需求，激发动机，引发行为，满足需求，并导致目标的实现。领导者通过满足下属的需求和欲望来激励他们，使他们的行为符合领导者的意愿和要求，最终实现组织目标。简而言之，激励下属和自己的过程可以被看作是一个满足需求的过程，如图 3-3-1 所示。这个过程有三个主要方面：激励动力、行为指向和行为保持。

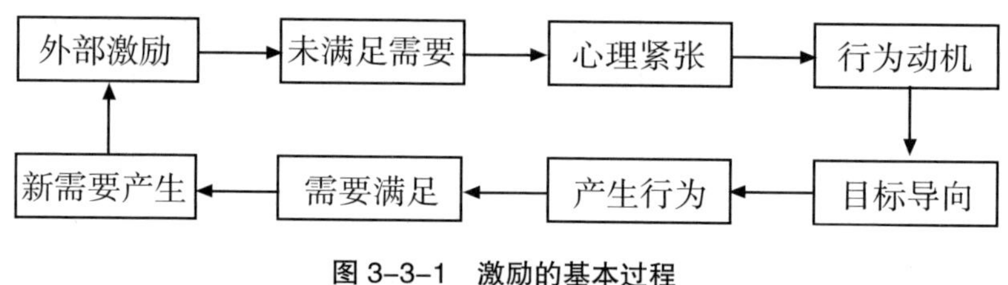

图 3-3-1　激励的基本过程

可见，激励过程就是满足需要的过程。未满足的需要会引起心理紧张，进而产生内驱力。这些内驱力会促使个体寻找满足需要的特定目标，同时特定目标也是一个满足需要的外部诱因，使个体感受到外部环境的刺激，从而产生外驱力。如果目标达到，需要就会满足，心理紧张程度缓解。事实上，良好的内外驱力的增强，无形中就激发了人们积极行为的动机。然而，在现实生活中，这并不那么简单。一个问题是，激励的效果只能在理论上确定，不能通过肉眼观察。另一个问题是每个人对于动力来源的需求是不同的。人与人之间的激励水平差异很大，正如不同的公司拥有的产品和服务是不同的，不同的人当然也需要不同的激励。

二、激励的类型与条件

（一）激励的类型

激励存在于整个管理过程中，是衡量职能管理行为有效性的一个重要指标。良好的激励需要在正确的时间进行正确的激励，并采取正确且合适的激励措施。

1. 物质激励与精神激励

物质激励是指使用物质的内容作为激励的手段，对人的特定行为进行认可和表扬，从而保持和鼓励这些正面和积极的行为。换句话说，它是一种激励人们工作的方式，主要是为了满足他们的物质需求。例如，提高工资级别、发放奖金、发奖品实物、改善劳保福利等。所谓精神奖励，是指对下级精神面貌、价值取向、行为方式和思想观念给予认可、赞赏的激励方式。荣誉称号、表彰先进、业绩评价以及信任、尊重等都属于精神激励的范畴。人不仅有物质生活的需要，而且有精神生活的需要。精神动力是促使人们积极工作的精神力量和精神原因。根据经济选择理论，人类的人生目标不仅是获得最多的物质上的财富，而且是获得最大的效用函数，这不仅包括收入的水平，而且包括声望、地位、健康、幸福、友谊等等因素，而且效用函数比物质财富更加重要。因此，有必要将物质奖励和精神激励通过一定的方式结合起来，以激发下属在工作时的积极性、创造性和主动性，并培养他们对工作的荣誉感、自豪感和责任感。

2. 正向激励与反向激励

一般来说，激励有两个层次。一个是刺激、鼓励，另一个是约束。第一层次的激励通常是通过物质或者精神上的奖励制度来实施的；第二层次则使用负强化和惩罚等手段来实现激励目标。这包括积极和消极的激励措施，或简而言之，就是奖励和惩罚的问题。第一个层面的激励通常被称为积极激励，即奖励、支持和强化符合组织期望和总体目标的积极行为；第二个层面的激励被称为消极激励，即预防、制止和限制不符合组织期望和总体目标的消极行为。在消极行为发生后通常会使用惩罚的方式，给当事人以不愿意接受的刺激或用他们需要的东西来对他们进行延迟满足，以表示对不遵守行为的不满。

正面激励和负面激励的目的是一样的，它们对下属行为的影响也基本统一。

如果不能满足积极的正面激励作用，就很难促进下属的工作动力；没有消极的负面激励，就很难保证下属最低限度的努力和方向。

曾经很流行用“欺负和惩罚”作为一种激励的方式，这种方式在很低的生产力水平时，并且能够反映出当时的生产关系。随着文明的发展，激励已经发展到正面激励是主要的激励方式，负面的激励一般情况下都是用作辅助。行为科学表明，使用积极的激励措施来激励人们，从而提高绩效，比使用消极的激励措施更有效。然而，也可以得出这样的结论：虽然不是每个人都对自己的工作感到满意，但在激励中，负面激励往往与正面激励同时出现。为此，在激励中，领导者在试图抑制或阻止不符合组织期望行为时，还要注意让下级明白该向什么方向努力，以免在受到反向激励时难以接受。

3. 内激励与外激励

个人的需要是激励得以正确实施的基础，而需要的产生和满足涉及内在的动机和外在的动机。因此，激励可以分为两种类型：内在激励和外在激励。外激励是指外部环境中需求的满足和动机资源的奖励。内激励是指通过启发和刺激，使人产生某种感知，从而激发动机的产生，满足内在需求，做出符合组织目的的行为，从而形成一种自觉的意识。内激励往往会使下属产生责任感、荣誉感和成就感。外激励和工作环境紧密地联系在一起，而想要满足内在需求的下属则注重工作给人带来的满足感。内激励是针对下属的精神世界和心态提出的，如果能够正确发挥内激励的作用，会产生持久的效果和影响。

（二）激励的条件

1. 时效性

在提供激励时，注意时机是很重要的。作为一般规则，应在积极行为后立即给予激励的措施，比如“强化”的措施。每一次“强化”之间的间隔时间，能够对强化效果产生影响。“强化”的间隔时间越长，增援的效果就越差。在使用负强化的情况下，要注意使用的时机。一般来说，这样做的最佳时机是当人们知道真相时，负面后果还没有广泛传播，而且人们对这个问题仍然记忆犹新，选择这个时间最为恰当。

以下提出了几点坚持时效性原则的内容。第一，我们需要及时发现并加强。关注优秀的人的行为，主动出击，不要事后才采取措施，这个时候已经无济于事。第二，加强判断力。表扬归表扬，奖励归奖励。第三，积极寻求理解和支持。对于有些人的表彰奖励，不一定所有的下属都能理解并支持这个决定，有些惩罚下属不一定马上就能接受，在这种复杂的管理情况下，领导应该广泛地听取大家的意见，向下属和群众解释说明，解释说明后，应及时公开，让大家认识到惩罚和奖励的过程都是公开透明，并且有固定的标准，领导也能够接受这样的后果，也能充分体现激励的价值。

2. 适度性

在激励过程中要遵守适度性的原则，必须对下属的需求和他们不断变化的情况做到及时地掌握，在此基础上，提供适当的激励措施。激励的力度是适合每一个成员需求的，不管是正面的激励还是负面的激励，物质的还是精神的激励，都不能超出可接受的范围。适度的激励不仅可以满足下属的需求，也可以为未来的行动提供灵活的发展，因此，激励行为是合理的，适合满足每个下属的不同需求。

3. 针对性

针对性是领导者需要学会运用的一个重要激励原则。有针对性的激励意味着领导者在激励时需要对激励对象的心理特征有十分透彻的掌握，选择被激励者最需要的内容，有重点的进行激励。

有针对性的激励意味着下级和上级之间的心理接触，以及相互之间的接触非常和谐。心理接触意味着了解下属的心理需求和行为问题。例如，奖励作为一种激励的方式，从表面上看很轻松就完成了，但要实现激励的目的并不容易。奖励包括纪念奖、奖金和促销活动。有些人，他们经济条件不差，希望获得更多的荣誉，他们更可能想要更高的先进称号或纪念奖，可能对几百元的奖励兴致缺缺。相反，如果某人的家庭经济状况不佳，几百元的奖金可能比各种类型的称号更加实用。

4. 公平性

公平原则也是实现良好激励的一个重要原则。在激励过程中，我们必须努力做到公平、合理的原则，避免不公平、不合理的做法。在许多部门，激励工作中的一个重要问题就是分配的过于平均，不看重个人的业绩和绩效。这对激励工作的开展是非常不利的。实践经验表明，公平的管理方式、平等对待所有下属以及在事实基础上寻求真相，是对应用公平原则的一种激励。相反，不讲原则的管理方式，对下属区别对待，不能就事论事的领导，带给下属的体验是非常消极的。

5. 可持续性和反馈性

保持一个恒定的工作活力需要长期的激励计划。为了保持下属的积极性，必须考虑激励措施的坚持实施。有些领导者是三分钟的热度，一段时间后，他们的下属的积极性得不到明显地持续，他们就会取消激励措施。违反激励可持续性原则的激励措施是不成功的。

激励是一个动态的过程，具体为从激励输入到激励结果的产生，有必要了解激励措施在一段时间内的影响并作出相应的调整，获取效果和做出调整的内容也是对领导者的一种激励模式。一个完整的激励过程也包含着领导者和下属之间的激励。领导者要时刻关注下属和他人的反馈，及时调整和适应激励的方式和方法。领导力的激励过程也是一个自我纠正行为的过程。

三、激励的主要内容及方法

组织目标的实现，领导意图的达成，都是在领导和管理活动中一步步完成的。在这个过程中，领导者把各种激励措施以恰当的方式融合在工作中，促使部门工作绩效的提高。为此，要关注激励方式方法的掌握运用。

（一）激励的主要内容

1. 目标激励

目标作为行为激励过程的外部触发因素，是领导者需要在激励活动中考虑的一个重要因素。目标不是单独存在的，而是有层次的，有高有低，也有远近的目标。领导者的管理实践表明，积极的、明确界定的、通过努力可以实现的目标是行为的强大激励因素。当人们被具有挑战性的目标所激励时，他们更有可能充满热情并积极参与到工作中。目标的难易程度、结构、进展过程和反馈等因素都会对激励的效果产生不同的影响。

2. 报酬激励

物质的激励是激励中不能够被忽视的，永远在激励内容中起着重要的作用。许多物质的激励方式都和工资待遇紧密地联系在一起，比如工资、奖金、认购优先股、各种形式的保险、住房基金，或者是当人们取得了重大成果时给予的奖金，这些物质远远超出了维持现状的效果。

需要注意的是，物质报酬对于高成就者的影响十分复杂。高成就者通常十分自信，由于他们对于自身的能力与局限十分清楚，因而，当从事自己所擅长的工作时，便显得充满信心。由于他们的工作效率一直处于巅峰状态，因而一项激励措施能否切实提高其工作业绩便受到了人们的关注。如果物质奖励未能充分反映其贡献，则会引起他们的不满。一般而言，如果个体的成就动机被调动起来，那么出色的业绩就会随之而来。然而，当高成就者从事琐碎枯燥的日常工作或者组织中缺乏力争上游的竞争氛围时，则成就动机就不会被调动起来。

3. 压力激励

压力和危机在无形中起到了激励的作用，尤其对于领导者们来说作用更为明显。压力作为一种有效的激励因素已经在现代管理和领导实践中得到证实。如今的社会生活充满了竞争和危机，在激励的过程中如何能够适当地运用压力，人们常有忧虑和讨论。无数的青年才俊正是因为感受到了压力才能在危险面前勇往直前，不断努力。

4. 归属激励

归属的激励是指在下属的温暖性需要方面多加了解，以激励他们积极工作。归属激励包括友谊、亲近、信任、认可、赞美、欣赏、尊重等情绪。归属激励能够对于温暖性的归属感需要进行满足。归属激励具有以下特点：首先，它的内容是具体的、容易被感知的，如果产生了愉快的主观感受和幸福感可能就是归属激励在产生作用了。其次，归属激励本质上是无代价的，对激励者和被激励者来说是互利的，信任和尊重可以形成良好的循环。最后，归属激励是特定的、排他性的，也就是说，与归因激励相关的因素只能由接受者使用，而且是不可转让的。如果杰出表现者的称号被授予某个员工，则不能转让给其他人使用。

（二）激励基本方法

激励有着巨大的心理效应，但激励方法的正确与否直接关系着其产生的心理效应，同一种激励方法在不同的情境下使用，产生的效果是大不相同的。每种激励方法都是针对人们的不同需要而产生的，具体而言，激励要多从以下方面入手。

第一，物质奖励。物质奖励主要包括工资和奖金。首先是工资报酬，它决定了下属的生活水平、经济地位和家庭在日常的花费，所以工资报酬的高低对下属有很强的激励作用。工资的发放在公平合理的基础上，而且要使用弹性的制度。一方面，弹性薪酬反映了以劳动量为基础的分配原则；另一方面，它反映了下属和公司之间的风险分担原则，将其与工作的效率和是否完成目标挂钩。其次是奖金，奖励下属的表现和杰出成就，不仅可以在物质层面给予下属以满足，也是为了积极地影响他们自己的行为和动机，并激励其他下属的表现和成就。

幸福感与组织成员的直接利益直接相关。良好的福利表现不仅反映了组织的关注，也解决了成员的困难，改善了他们的生活条件，保证了他们的健康，激发了他们的工作热情。

近年来，一些企业事业单位和机关部门各种福利虽然得到了很大的改善，但现今还存在许多问题。如众多的单位福利设施奇缺，不能满足组织成员基本的、合理的需求，而有些机关企业单位福利设施齐全，但利用率较低；有的单位福利项目实施时往往不考虑其工作表现和成绩；还有些福利项目抓不住重点，不能解决部门职工的迫切需要等。诸如此类的问题，在一定程度上影响了福利激励机制作用的充分发挥。

第二，创造一个良好的愿景。目标是一种鞭策人们前进的因素，是人们期望实现的激励、成就或结果，它激励和规范人类行为。设定好的目标是强大的动力，所以要建立一个适当的目标体系，并让不同层次的参与者参与探索和讨论目标设定的过程。这对每个人来说都会有更大的激励作用。此外，在讨论对组织目标发展有重要意义的问题时，所有的工作人员应该处于平等地位，可以帮助下属对上级产生信任感，从而产生强烈的归属感和责任感，因为他们的利益与组织的发展密切相关，当他们参与讨论影响他们的目标时，大多数人都会受到激励。在制定目标时，应注意需求和动机之间的动态变化，并注意目标的现实性。

第三，我们认为，榜样的激励很重要。榜样可以带给人想象不到的力量。榜样在示范、推荐、引导和组织中方面发挥着重要作用。领导者的榜样作用是最能展示榜样效果的方法之一，他的政治素质、道德修养、思想立场和意识都能对组织的成员产生无法想象的力量。展示领导力可以有效地团结力量，提高下属的工作效率和在工作中发挥的创造性。领导者的行为特点首先是在工作中重视事业的发展和承担责任的意识，在担任领导职务时对自己有严格的要求，个人的品质是温和、谦虚和谨慎，其次是清廉的生活和甘于奉献的精神。领导者必须能够有端正的品行，才能得到下属的信任、钦佩、支持和尊重，才能在下属中享有威望，才能调动起来成员工作的积极性。

第四，关注环境的提升。客观环境对促进和发展人们的积极性起着重要作用。通常来说工作环境和其他因素都会让人感到不是很满意，这些因素称为保健因素。如果没有保健因素在起作用，就会导致人们的高度不满，甚至是消极的工作态度，这是因为这些因素能够对人积极性的维持起到促进的作用。因此，必须注意内部环境的形成，使每个人从工作环境中获得愉悦的体验。营造激励性环境主要包括以下几个方面：①创设健康的心理环境。通过多样化的思想工作，给每一个人都建立方针、政策和目标的标准，从而在良好的思想、舆论、道德和人际环境等方面培养良好的工作氛围。组织的氛围也和文化建设的程度息息相关。②创造一个竞争性的环境，在这个环境中，人才都是可以自由流动的，这样能使人们能够最大限度地发挥自己的才能，优秀的人才能够有用武之地。双向选择、自由流动和平等竞争的就业机制创造了一个良好的工作环境，使每个人都能表现自己的最佳才能。在这样的环境中，重要的通常不是学历、资历或年龄，而是业绩、贡献和效率；有压力也有更大的动力。竞争使人们的潜力最大化，更好地实现在工作以至人生中的价值。③它通过开放的治理创造了一个自由的环境。在这样的环境中，每个人都可以对自己的创造能力进行发挥。

第五，做好思想教育方面的工作。在激励方面，宣传教育最为重要的目的就是提高下属在思想上的高度和认知，增强他们的责任感，营造健康向上的心理氛围。宣传教育的内容应该以宣传进步人物、进步成果、进步思想、进步经验为主，推广和展示进步的工作方法和进步的技术。

宣传教育的形式应机动灵活多种多样，从先进人物现场报告到电视报刊宣传、荣登光荣榜、表彰仪式等。总之，要把宣传教育经常化，使其渗透到人们生活各个领域，深入人心。

第六，更多的认可和情感上的激励。人类最基本的需求是情感上的需求，它们也是人类的高级需求。积极的情绪可以激励人们完成极其困难的任务；反之，消极的情绪不利于把事情做好。领导者不仅关注工作，还应该把精力放在如何挑战和帮助人们完成工作方面。在组织中成员应该首先做好自己的工作。如果领导在情感上无动于衷，情绪难以协调，沟通存在障碍，没有温暖和安抚，下属就不可能有良好的工作情绪和高度的积极性。因此，领导者必须根据下属的感受为出发点，尊重和信任他们，用情绪感化人，从他们那里获得情感支持。管理者对下属的关心越多，上下级之间的关系就越好，这有助于形成良好和谐的心理氛围。

第七，有制度上的激励。成功的规章以及健全的制度可以确保并有助于改善和提高激励水平。一些领导者习惯于在任何时候向下属下达命令，而不考虑组织中制度的流程和规定。这很容易给下属的工作带来障碍，并降低效率。健全合理的制度体系可以充分明确领导者和下属各自的权利和责任，能够提高工作中的效率并且提高下属工作的积极性。

第八，晋升的门槛不要过高。晋升对下属来说是一个非常有吸引力的激励措施。这是因为晋升意味着得到了领导者对自己工作上的认可，同时也能够发挥出自己更大的才能。当下属努力工作时，他们希望得到领导者的嘉奖，并希望通过组织和管理方面的培训，提升自我的工作能力，得到更好的发展。因此，应该为那些表现出色的人按照一定的方式提拔他们，以增加他们的自信心，能够满足自己对于工作中更高层次的情感需求。还应认识到，有效激励管理人员的重要措施还包括对下属的任务进行相应的调整和安排。在组织中安排工作主要包括工作岗位的调整和工作岗位的交流。其中工作轮换是根据下级的个人经历，让他们轮流在不同部门不同岗位开展工作，以帮助取得各种岗位工作的知识技能，积累更多的工作经验，解决工作长期单调乏味的不良影响。

四、激励效果的获得

激励效果是领导者实施激励措施取得的最终结果，它包括工作状态、精神风貌和工作绩效等。

（一）影响激励效果的因素

衡量管理效率的一个重要指标就是激励的效果，也是实现整体效率的一个关键因素。因此，要提高激励的效率，就是要对激励的效果进行增强，这就需要建立一个正确的激励机制。

激励是一种以人为本的管理活动，并且以人本主义理论为基础，旨在使组织行为更加人性化。该机制从制度上的发展为方向，并且建立合理的激励机制，是在组织的人性化和制度化之间争取平衡发展的一种尝试。激励机制是一个个人的系统，它的有效运作取决于沟通的效率和激励管理中激励效果的实现。一般来说，管理者激励机制应包括以下几个方面。

1. 行为导向制度

行为导向是对组织中成员的努力方向、行为类型和组织期望下的价值观的一种规定。行为导向强调整体的、长期的和集体的概念，为组织的各种发展目的而规定。由激励机制引发的个人行为在组织中可以指向任何方向，也就是说，个人的行为也有可能是为了实现自己的目标。然而，与此同时，个人的价值观不可能和组织的价值观完全地一致，这就是为什么一个组织需要促进组织中价值观的一致性。

2. 行为幅度制度

行为幅度制度适用于行为强度方面的控制，其强度是由激励措施激发的。根据斯金纳的强化理论，奖励和绩效之间的关系有固定比率和可变比率，关联度不同，也会给下属带来不同程度的强化。第一种结果是快速、非常高和稳定的表现和适当的行为消亡倾向；第二种结果是非常高的表现和非常缓慢的行为消亡倾向。通过使用行为幅度制度，可以在一定范围内调整个人在工作中的表现，以避免特定奖励刺激对下属的影响迅速地消失。

3. 行为时空制度

这个制度适用于薪酬制度的时间和空间方面。这种规定包括与具体业绩挂钩的外部奖励的时间限制，与具体工作挂钩的下属的时间限制，以及工作开展的空间范围。行为时空制度阻止了下属工作非常不稳定的行为，从而能够让工作的效率或者能力的提高比较稳定，发生在一定的时间和空间范围之内。

4. 组织同化制度

组织同化是新成员融入组织的一个整体过程。它涉及新成员充分参与的经验，以及获得个人所重视的成就感的机会。在这种情况下，工作者的心态也是平衡的，因为能明确地感受到内在性激励的作用，并把工作热情归于工作本身所蕴含的激励作用。

5. 自身建设制度

领导者激励下级的过程也是自我激励和自我提高的过程，而要持续长久地提高激励效能，就需要领导者自己加强学习，健全完善能力素养结构。为此，领导者对自己要有正确的认识态度，不断增强提高自身素质和工作努力程度。领导者能力素质提高了，才能有效防止激励的失效现象。当然，对于组织来讲，还可以通过轮岗交流、基层实践锻炼和学习进修等途径，增强领导干部能力培养，促使其领导才能得到全面发展。

第一，提高自己的水平，发展自我。学习如何提升自己的能力以达到预期的结果，并努力创造一个鼓励所有成员发展自己并实现其目标和愿景的组织环境。

第二，对自己的心智模式做出改变。心智模式通常被定义为一套核心的思维和行为模式，它是通过一个人以前的经验、习惯、知识和价值观形成的。一旦建立了心理上的固定思维，一个人就会有意识地或无意识地从一个习惯的角度去感知和思考问题，并以一种习惯性的方式处理问题。一个良好的心智模式有助于领导者提高做出决策的效率，最终能够促进组织绩效的发展。

第三，组织建立一个共同的愿景。建立共同愿景包括以下的内容：愿景、价值观、宗旨和使命、目标等。共同愿景应反映组织的未来发展雄心和成员的共同价值取向。

（二）激励方法艺术

1. 关爱激励：同下属增进感情

卓越的领导者都是善于对下属进行感情投资的领导者。从某种程度上说，下属的能力大小与领导者对他们的感情投资是成正比的。因为领导者对下属的感情投资可以有效地激发下属潜在的能力，使下属产生强大的使命感与奉献精神。下属的内心深处会升腾起强烈的责任心，认为领导者对自己有知遇之恩，愿意更尽心尽力地工作。在中国人的认知中，情感因素发挥着非常重要的作用，甚至对人们在具体行为上有很深远的影响，这是由中国人的历史底蕴所决定的。在中国的传统文化中，人人都十分看重自己与他人交往的程度，即与他人的情感联系程度，“士为知己者死”就是这一观点的简单概括和证明。就领导者而言，若想下属竭尽全力地工作，同心协力把事情做好，也必须与下属成为“知己”。

领导者对下属的关爱，应从小事入手，这样更富有人情味，更能打动人心。小事往往是成就大事的基石，这两者之间是相互联系、相互影响、相辅相成的。领导者要善于处理好这两方面的关系，使两者相得益彰。如果领导者能在这许多看似平凡的时刻，勤于在细小的事情上与下属沟通感情，经常用“毛毛细雨”去灌溉下属的心灵，必定会结出丰硕的果实。

2. 尊重激励：使下属得到心理满足

尊重，就是要尊重下属的自尊心。一个人不论具有多大才能，若无法满足其被尊重的欲望，便会削弱他的工作积极性。也就是说，所有文化、种族、国家和各种肤色的人需要被尊重，尊重是要从内心深处发出的。尊重能够让人知道怎么样平等地对待人，认识到每个人的独特性；它意味着给人们自由来发展他们与生俱来的性格。一个好的领导者首先能够尊重别人，管理方式不是以工作为中心，而是以信任为中心，以人为中心，不以高人一等的地位自居，了解下属的情绪和态度。当一个领导者尊重他的下属时，也能够满足下属更高层次的需要，也能够提升积极性，并且有助于提升业绩。

在领导工作中，领导者对下属的尊重激励可以从以下几个方面入手。

第一，尊重下属的优点。每个人都希望得到别人的尊重与认可，所以领导者不要习惯于去责怪别人，要试着努力发现别人身上的优点，了解下属为什么会这样做，这比批评更有益，同时也孕育了同情、容忍和仁慈。

第二，尊重下属的动机。通过对激励心理过程的分析可以知道，人的行为都是由一定的动机引起的，如果领导者能为下属寻找一个好的工作动机，点燃他们的热情，便可以使他们对工作全力以赴。

第三，尊重下属的意见和建议。所有下属都希望自己的意见和建议被采纳。如果提议被公开，更会激励他热心研究，增强对工作的热情。许多组织中都成立了鼓励下属提出建议的制度，除了可以汇集众人的智慧以达到更好的绩效外，从另一角度来说，对工作人员积极性的提高也有极好的效果。

3. 宽容激励：博得下属信赖

领导者应该清楚地了解每一位下属的能力和特点，虽然有必要对下属在工作上严格要求，但当他们出现了错误或因某种原因不遵守工作要求时，尽量给予他们宽容。这是因为，宽容不仅能够给予下属工作中得以喘息的机会，还能促进他们对待工作的积极性，而如果领导者斤斤计较，则会对下属的工作热情产生反作用，甚至会引起他们对组织的不满，这样就会影响工作的积极性、主动性和创造性。宽容是一则重要的用人之道。一个领导者虽然很有能力，但如果缺乏宽容，就会很难原谅下属的错误，下属跟着这样的上司干，心里总是有所顾忌，不敢放开手干，怕犯错以后也得不到一点谅解。所以，在领导工作中要想达到上下级的同心协力，领导者应尽力做到“严于律己，宽以待人”。

4. 赞美激励：使下属树立成就感

领导的赞扬可以满足下属的荣誉感和成就感，使其在精神上得到鼓励。在很多单位中，工作人员的工资都是相对稳定的，人们比较重视自己平时的表现在领导者眼里能够得到什么样的评价，十分看重领导对自己的看法。大多数人都希望得到别人对自己的认可，得到他人的重视和赞扬。每个人都想在自己所处的圈子赢得高一级的地位。而在组织中，领导者的赞美和恭维是公开的，能够被其他成员所接受，所以领导者的评价能够决定下属在组织中的位置。领导者适宜的夸奖话语，可以很容易地提升一个下属的自信，而不用付出物质上的酬劳等。此外，表扬不仅表明管理者对下属的欣赏和认可，也表明他对下属的关心和尊重，这样尊重的表现对下属工作具有鞭策的作用。因此，作为领导者无论多忙，都应该花时间留心下属的工作，赞美他们，让他们觉得自己很重要、有价值，这对提高工作效率是不无裨益的。

5. 批评激励：帮助下属成长

赞美是对人的价值的承认，而批评则是针对人的缺点和错误进行的指点。批评的目的，是促进人们认识和改正错误并发生转变。领导者应该从批评的目的出发，从爱护人、提高人的愿望出发，将批评这一激励手段发挥出其特殊作用。应该认识到，有时对下属进行批评是非常必要的，然而批评的效果却有好有坏，能否产生积极效果，关键在于是否使用了正确的方法。正确而有效的批评，是摆事实，讲道理，动之以情，晓之以理，将心比心，换位思考，尊重他们的长处，理解他们的难处，关心他们的苦处，将大道理和小道理结合，通过耐心地说服教育和民主讨论，和风细雨地疏通引导，实事求是地指出他们认识上的不足、方法上的缺陷、工作上的差错，使其能够心悦诚服。领导者在批评下属时要讲究艺术，但最重要最根本的原则就是批评要有诚意、有爱心，其中诚意是指批评的形式、手段、方法光明磊落，态度诚恳、友好，而爱心是指批评的目的完全是出于爱护下属，提高下属的素质，只有这样，才能最大限度地让下属接受批评意见，达到改正错误的目的，帮助下属进一步成长。

6. 目标激励：为下属指出努力方向

目标是一种激励的因素，目标包含着人们想要达到的结果，它能产生努力的动力并调节人类行为。正确的目标是一个强大的激励因素。人们生活和工作奋斗的目的就是为实现自己想要达到的目标。知道人们有自己向往的目标，激励下属的过程中也可以使用这个目标激励的方法，目标的激励也是一个重要的激励内容。目标对于一个人来说是一个努力的方向，是一个奋斗的理想。如果没有自觉的愿望和理想的目标，就会失去前进的动力和奋进的热情，这不可避免地会导致懒惰和无目的性的活动。

目标激励需要关注如何通过设定一定的目标，让下属的个人需求与组织的愿景有效地结合起来，并向他们展示他们需要努力的方向。为了使一个组织的目标具有强大的激励作用，首先必须在正确的高度上设定这些目标。如果目标具有太高的难度难以达到，人们就会对实现目标的过程产生畏难的情绪，这个目标也就不会成为真正的激励因素；而目标太容易达到，则会使人们认为没有必要实现，或者不用努力就能实现，也就不会激励下属。二是制定的目标必须反映组织中成员的想法，组织的目标必须要和个人的需求适当地结合起来。其中个人目标要满足个人层面的需求，领导者一项重要的工作就是引导下属将个人目标与组织目标相结合，使个人目标可以助推组织目标的实现，而如果盲目排斥个人的目标，只会破坏下属在工作上的热情，无法达到促进个人工作积极性的目的。因此，通过定义一个合适的目标体系，并让下属在各种方面参与对目标和目标设定过程的探索和讨论，可以更好地激发下属的积极性。

7. 信任激励：增加下属责任感

信任是相信而敢于托付的意思，它是引起他人全心全意、愉快地从事某项活动的一种心理效应。在领导用人的活动中，实行信任激励，就能使人们在受到信任后产生荣誉感，激发责任感，增强事业心，会使人全身心地投入某项工作中去。

以心理的研究角度为基础，人们心理上的信任需求是信任激励的基础。这意味着每个人都想被他人需要，当这种需求能够被满足，人们会感到兴奋和开心。反之，不信任会导致沮丧和压力。同时，当对信任的期望得到满足时，这也是对主动性和创造性的一种激励。只要信任下属，他们的积极性和创造力将是一个巨大的内在潜力。同时，通过信任激励可以使下属树立这样一种真实情感：力有所用，才有所展，劳有所获，功有所奖，拼有所得，搏有所成。这种情感又会反过来促进下属更加积极地工作，形成良性循环。我们会发现，很多时候，人的创造自由总是渴求增长，就像火必须由外界力量将它点燃，随后它会自己蔓延。

8. 授权激励：鞭策下属积极向上

一个人与动物的区别在于，人可以独立的思考，并且有着不断提升自我、获得更好发展的天性，想取得更多的成就。人们越是聪明，越是有雄心壮志，这种本性就越能够充分表现出来。每个成员都想得到更好地发展，渴望实现自己人生的最大价值，而晋升意味着组织对自己的工作更加的认可，被赋予更大的权利，有机会取得更大的成就，找到更合适的、可以施展自己才华的舞台，等等。当下属努力工作时，他们希望得到老板的认可，并希望通过组织的帮助，他们能提升自己的能力，获得更加长足的发展。因此，在管理中适当的推广可以创造一个积极的氛围，培养优秀下属努力工作的精神，以及提高他们的自尊心，从而实现自己的个人目标，从而激励所有成员工作的热情。

合理的授权和晋升可以培养一些发展的人才，激励下属能力的提升，而不合理的晋升会造成不好的后果，所以领导者要客观地设计规范合理的晋升和晋级制度，根据下属过去的表现选择最公平的晋升方式。

9. 待遇激励：满足下属的物质需求

待遇激励主要包括两个方面的内容：其中之一是薪酬，首要的作用是满足组织中成员们最基本的生活需要。工资不仅提供生活保障，而且是社会地位、角色和个人成就的象征，在心理发展的角度也发挥着重要的作用。二是工资管理的水平和效果，直接影响整个组织的经营和管理，关系到工作人员队伍的稳定和团结。因此，只有采用灵敏的管理和动态化措施，才能保障工资因素中激励作用的发挥。

10. 分享激励：增强下属的向心力

一个组织的发展壮大依靠的是领导者与下属的共同努力，同舟共济。身为领导者，一定要做到与下属同甘共苦，在身处逆境时，与下属共渡难关，时来运转时，不能独自居功、尽享成果，唯有如此，才能赢得威望，得到下属的爱戴，使组织的业绩蒸蒸日上。领导者应该引导下属认识组织的目标，激励下属发扬奉献精神，激发他们的使命感和责任感，使组织成员的团结建立在“上下同欲”的基础上，进而形成合力。这样的组织，其凝聚力是持久的，战斗力是坚强的。优秀的领导者会引导下属建立团队精神，把他们看成平等的伙伴，与他们建立共同立场，同下属分享荣誉与权利，使其自身的满足感和成就感得以实现，让他们产生归属感。这样才能将组织成员的力量凝聚在一起，产生巨大的动力。

第四节　领导者的识人素质

组织最有价值的资源是人，这已经是一个不争的事实。领导者的责任就是充分开发人力资源实现组织目标。

一、善用人者，无无用之才

对企业的管理，并不一定需要领导者耗费多少时间精力。在实际工作中，如果领导者能够促使员工发挥自身的主动性，让他们多行动、多思索、多反思，那么，自己就能相应地少作为、少直接评论、少跨级指点。这样，上下级之间产生矛盾的可能性就大大减小了。

然而，在识人用人时，很多领导者一直哀叹“无可用之才”。但真实情况却是，在领导者的指手画脚下，可用的人才也容易被埋没，有潜力的员工也被打压了积极性。

老子喜欢强调“无为而治”。其实，所谓的“无为而治”从来不是指领导者什么都不做，而是指在用人过程中不要违背正常规律的“乱作为”，也不要去刻意彰显什么“大作为”。恰恰相反，能够真正打动人才、激发人才的，是领导者于无声处的体谅和关怀。这种看似无意实则有心的影响力，最容易激发员工的潜能。

有经验的领导者在公司内部建立的是有规则的系统。在这个系统中，组织中的每个人都像在自然的社会分工中，可以顺其自然地进行工作——农民上山打猎，船夫河中打鱼，每个人都承担起自己的责任，在系统的规则中进行工作。在成熟的系统中，即使在运作的细节上会有不太完善的问题，领导人也不必动用非常强硬的管理手段，而是应该像睿智的领导者一样，顺利解决这些问题。

显然，一个真正善于招揽人才的领导者可以突出每个员工的优势，引导他们成为更好的人。这就是说只要领导者对人才管理得当，那么在无形之中就实现了对企业的管理。这种心理状态可以通过以下方法实现（见图 3-4-1）。

图 3–4–1　领导者知人善用的方法

第一，区分组织管理方法和个人管理方法。

为了达到在无形之中就实现管理的状态，必须对组织这个整体和具体的员工使用不同的管理方法。前者需要明确的规则和条例来指导、奖励和惩罚，而后者可以具体问题具体分析，根据个人的表现适当进行模糊处理。

要理解这种差异，首先领导者需要有气质，有广阔的视野，有处理的方法。其次，还需要准确了解公司的整体情况，并有能力建立一支经过充分培训的员工队伍，使之成为一个不需要动力的系统。

总的来说，这需要一个了解人性、读懂人心、审时度势、积极改变、像水一样灵活并渗透到不同角色中的领导者。

第二，了解灵活领导是非常重要的。

公司的战略管理政策已经确定下来，但个人的管理手段必须符合现实，积极而且懂得变通。其原因是，如果员工发现了管理者经常使用的管理方式并总结出管理的定律，就可能钻组织中规章制度的空子，管理者对公司的管理就会变得不准确。

对于这些组织中的核心员工，要对他们采取“顺势而为”的手段，一定要尊重事实，保证处理过程中的公平，根据不同下属的性格特点、情绪变化、工作任务、发展前景和工作目标确定管理方法。一个领导者必须能够适应不同的情况，知道什么时候放松要求、什么时候减弱成员发展的势头、什么时候严抓规矩、什么时候批评。

第三，奖惩不一定要完全公开。

根据传统的组织管理方法的说法，最有效的管理手段似乎应该公开奖励和惩罚。过去中国人习惯于集体生活，而如今的员工更加趋于年轻化，他们都认为必须尊重个人的差异和隐私。

因此，“无为而治”的管理思想也可以体现在非公开的奖励和惩罚中。例如，如果决定奖励表现出色的员工，可以在组织中非常明显地表扬，也可以在私下里通知给予奖金，或给他们带薪休假或优秀培训。同样，如果决定惩罚一个员工，可以单独对他谈话，并在其他人不知情的情况下进行。这样一来，员工觉得自己得到了特别的关注，而领导者也总是有更多的回旋余地。

二、明确区分人才和庸才

管理到“无形”的程度是许多领导者想要达到的境界：成为老板，但在公司的日常管理中却感受不到。这是不容易实现的。这样的领导者在个人威望、领导能力和管理能力方面都达到了很高的水平。同时，他所领导的团队在实践中被精雕细琢，就像在沙子里寻找金子一样，使他们能够共同工作，表现和提高。这两个条件是兼容和互补的，就像一支训练有素的球队一样，优秀的运动员能够保持同样的竞争力，这要归功于主教练在比赛中的巧妙控制，即使主教练没有在场上控场。

可见，境界的提升，虽然和领导者本人有密不可分的关系，但同时也和团队中优秀人才的比例息息相关。下属中人才比例越高，领导力境界提升就越快；相反，如果平庸者充斥在企业中，领导者就会经常产生有心无力之感。毫无疑问，准确判断谁是人才、谁是庸者，推动企业内部的正向淘汰，是走向用人境界“无为而治”的关键步骤。

领导者必须具备挑选人才的不同标准。在企业中，欠缺的不是人才，而是领导者发现人才的眼睛。独具特色的识别方法，能帮助领导将人才从普通员工中挑选出来，并将平庸者剔除出组织。这样，领导力的构建才会有充分扎实的落脚点。

第一，要认真分析企业需要怎样的人才。

当下的人才特点复杂，呈现出越来越多元化的趋势。不同性格特点、不同知识和技能的人才，都具有各自的价值。但企业在其发展的各个阶段中，需要的人才类型却不尽相同。正是这种需求，决定了企业是怎样的企业、领导者是怎样的领导者。

为此，你需要积极分析判断企业需要怎样的人才，并对他们进行“画像”（见图 3-4-2）。

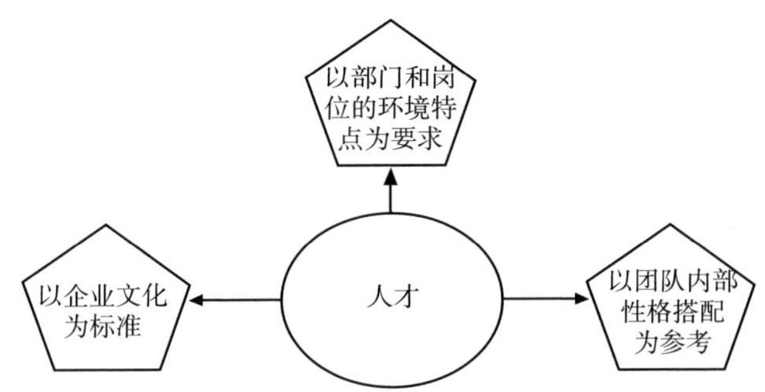

图 3-4-2　判断企业需要怎样的人才的方法

首先以企业文化作为标准，其次以部门和岗位的环境特点作为要求，最后以团队内部性格搭配为参考。这样，能够积极适应企业文化又能够贡献价值的员工，才能一跃成为你眼中的人才。

第二，进行长远人才需求分析。

不少中小企业对员工的培养和任用过于依靠老领导者和少数管理层的看法，比较短视，经常是某个部门上报需要的人才类型，然后再被动招聘或晋升。其实，领导者应该站在企业长远发展角度，形成全局性的人力资源规划，在对公司现有员工进行分析的基础上，同时对未来发展状况加以预测。这样，领导者就会带着明确目的去观察和发现人才。

第三，用完整的工作描述来对成员的工作进行评估。

工作描述不仅仅是一种培训新员工的方式，它也可以作为一种管理的方式，帮助领导者具体了解一个员工是否足以胜任其工作，以发挥更高的能力。

在起草职位描述时，要注意整个规定的全面性，包括公司为什么要设立该职位，该职位的职责、责任和资格是什么。工作描述也可以向员工介绍未来可能的职业发展机会。通过这种方式，领导者可以评估员工是否符合考核中给出的工作描述的要求，结合他们的表现和成就，看他们是否属于组织中需要的人才。

三、“使人如器”与“使人求备”

“使人如器”的思想在中国管理理论中由来已久，并一直发挥着其独特的功能和价值。

在领导者认为的理想情况下，公司的每个员工都是行业中的佼佼者，能够在工作中发挥自己的最佳水平。然而，在现实中，那些规模不够大或初创期的公司不太可能在短期内拥有如此丰富的人力资源。因此，管理人员必须接受现实，根据下属的长处为他们寻找到合适的岗位，并寻求最大限度地提高现有工作人员的效率。否则，在追求组织全面发展的领导者角度，每个员工都有许多缺点，所需的人才永远不会被发现。这样一来，经理人的管理负担自然过重，难以进行组织的管理活动。

为了实现“使人如器”的目标，领导者需要能够客观地评估人才上的缺口和员工目前结构之间的差异，并采取良好的管理策略，使企业的整体能力最大化。如图 3-4-3 所示，显示了管理者如何使员工的工作合理化的方法。

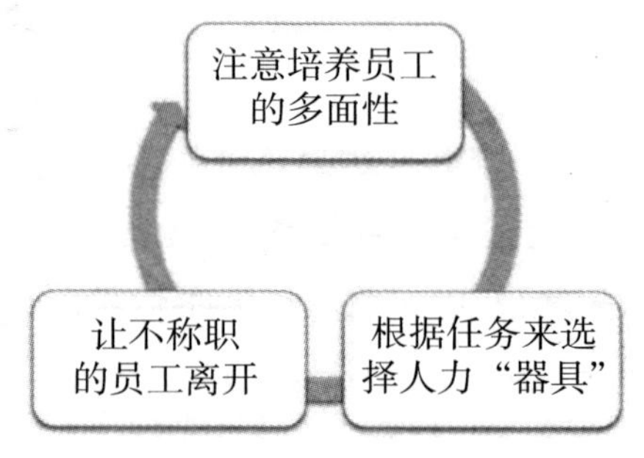

图 3-4-3　领导者合理安排员工工作的方法

首先，注重培养员工全面发展。

如果期望公司总是能找到最理想的员工，这更有可能导致组织中的人数增加，员工的数量使公司无法负担，也会降低组织的效率。最好的办法是让员工不只成为发挥着“工具”作用的人，而是成为能够结合多种功能的“工具”，这样人力资源就可以合理化，同时不断提高工作方面的效率。领导者可以允许员工从事各种岗位的工作，或者鼓励他们利用工作和休闲时间熟悉其他工作流程，这样可以培养工作的能力和整体思维，使他们对公司做出更大的贡献。

其次，人们对“工具”的选择取决于任务。

无论一个公司的规模大小，其内部员工的特点是多种多样的，但公司本身所面临的挑战是可以被管理者预见和评估的。因此，管理者可以根据员工的发展水平，预先选择他们作为“工具”。

管理者可以先列出员工在以前的项目中和目前的职位上设定的目标，然后将员工的目标与实际达到的成果进行比对。然后，管理者可以询问并寻求以下问题的答案。他实际上做得很好的是什么？他实际上还能有提升的地方是什么？他在哪里可以利用自己的优势来学习新技能？如果能够将这些问题进行解答，领导者可以将员工与任务相匹配，并找到可以完成这项任务的最佳人选。

最后，摆脱掉不能胜任工作的员工。

企业本质上是一个营利性组织，获取利润才是一个企业最根本的目的。因此，当员工能够为公司创造利润的时候，员工的工作才能得到领导者的认可。如果一个公司希望在无形中将企业治理得很成功，它必须下定决心让那些不称职、无法为公司创造利润的员工离开。如果把并不适合企业的员工留下，不仅使企业的利润受到影响，也不利于其他员工在领域或者行业的发展。

因此，公司决不能因为让员工离职而感到气馁，而必须坚决贯彻这样的基本制度。这样一来，那些有能力的员工才能感到自己的价值是受到重视的，而且公司也承认他的价值，并会更加积极地工作。

第四章　领导力与团队管理

能不能够使用成功的管理手段，创造积极的团队氛围，建立和谐的团队氛围，发展独特的竞争优势，这些内容也是领导力的重要组成部分。本章关于领导力和团队管理的内容主要包括以下四个部分：领导力与权力、领导队伍建设、领导团队执行以及领导团队成长。

第一节　领导力与权力

一、关于权力

在一个团体中，由于不同成员之间的认知存在着较大的差异，每个人的性格不同，对不同事物的态度也不同，因此需要一个领导者，通过引导人们制定团体规范，执行角色分配，协调团体成员的不同意见，使得团队中的成员能够团结协作，使大家往一个共同的方向前进，最终的目的是实现团体的目标和愿望，从而使团体发挥作用，平衡社会分化和冲突，最终实现发展的目标。

拿破仑曾经说过，只有坏将军，没有坏士兵。一个好的领导者会激发其他人在思想层面的见识并且付诸行动，形成坚实的团队力量。可以说，有效的领导是一个团体成功的关键。

不论什么类型的团体都需要领导者。领导者进行管理活动的基础是权力，只有有了权力才能够对下属进行领导。权力是一种发挥着强大能力的力量，它影响着领导者和被领导者之间的关系。从领导者出发，权力能够帮助领导者对下属进行管理活动，有了权力下属才会服从领导者的决策，是帮助被领导者服从和追随领导者的力量；从被领导者的角度出发，权力也采取了依赖关系的形式，如果一个人在关系中对他人有很强的依赖心理，被依赖的那个人就具有很强的权力。

只有当领导者对下属必须做的事情有比较清楚的掌握，然后对他们有更多的影响时，他才能使下属对他所做的决策更加地服从。

我们知道，领导者的权力来自于他的位置，当他离开这个位置时，因为没有其他的影响，他的权力也就随着消失了。这是因为领导者的权力主要来自于地位或权威。这种权力是由上级授予的，取决于职位的高低。具体来说，它包括以下几个方面。

（一）法定权力

法定的权力是在一个组织中规定具有的权力，专门针对公司内部的职位，领导者的职位和权力都是公司通过一定的程序授予的。这种权力是领导者对下属下达命令和指示的权力，或者通过公司内部的政策、程序和规章制度等方式来表达。公司的不同成员根据他们所担任的职位，拥有不同的法律权力。

（二）奖励权力

奖励的权力指颁发奖金、加薪、晋升、表彰、优先工作安排和其他任何可被员工接受的权力。这种权力是为了满足下属对物质等方面的需求，如果下属认为领导者提供的奖励让人感到满意，下属就愿意在组织中更加勤奋地工作。奖励越多样化，这些奖励在组织中就拥有更大的影响力。

总之，奖励的权力是指如果下属做得好或被期望做得好的情况下，领导者有权对其进行奖励。一个人的奖励权力能够决定下属是否愿意追随他进行工作。

（三）强制权力

这是领导者对下属强加服从的绝对权力。不服从领导的命令或指示的下属会受到惩罚。也就是说，强制权力是指采取惩罚性措施的权力，如撤销奖励、职位的降低、批评甚至解雇。这种权力是在领导者的工作和职位范围内行使的，这些强制措施给下属带来了恐惧感。

然而，领导者不能“混淆”使用这种权力，认为自己的领导能力就是权力，这种看法是错误的。虽然领导者通过权力能够影响其追随者，但使用强制权力只能够起到暂时的作用，其效果不能对组织产生深远的影响，更不能促使人们更加热爱工作。

实践表明，领导力和权力不能够画上等号。有管理能力的领导者不会经常对下属采取强制性的措施，他们总是明智地利用自己的领导力来影响下属的态度、价值观、认知甚至行为，从而使他们在愉悦的心情中完成任务，实现组织发展的目的。

领导者在任何时候都需要权威和权力的支持，但只有权力的领导者只是一个单纯的管理者，而不是一个会让下属心甘情愿跟随的人。领导者也应加强个人素质，在组织成员自愿认可和支持的基础上，有意识地发挥自己的影响力，通过非权力性领导的方式来获得管理和领导的能力。在下文中，我们将更详细地研究非权力性领导力。

二、关于非权力性领导力

随着社会管理方式的不断进步，非权力性领导力在实践中与职位权力齐头并进，特别是非权力性领导力正在成为领导力发展的一个越来越重要的方面，应该得到领导者的密切关注。

（一）非权力性领导力的概念

非权力性领导力的定义是：领导者的特点、风格、知识、能力、表现和行为范例等都是非权力的因素，这些因素也能影响下属的行为，从而实现组织的目标。这些因素不一定与领导者的地位和权力完全联系在一起，而是基于领导者的性格、才能、知识和感情，从而产生的。

非权力性领导力主要是指由领导者自身的领导素质和行为所形成的一种领导风格，在这种风格影响下产生的作用没有太多的限制，它是一种没有来自等级制度的权威压迫的领导形式，更不受一定形式的领导和行为方面的制约。在实践中，具有非权力性领导力的领导人对下属和组织的影响比一般领导者产生的影响更稳定和持久。在这种非权力性领导力的影响下，领导者可以完善自身的心理建设，在决策中优化自己的领导行为。非权力性领导力是一种神秘的领导力，它直接由领导者的个人道德修养、知识水平、日常生活的性质和领导行为的各种因素所形成。非权力性领导力具有一定的神秘感，对下属有一定的吸引力和拉动力，拥有这种领导力的领导者可以在工作中向人们展示领导力是如何形成的，以及这一过程是如何通过日常习惯的实际应用而使用的。相比之下，非权力性领导力可以完全是权威的、有效的和主观的决定，因为领导哲学说“自我品行端正了，即使不发布命令，老百姓也会去实行，若自身不端正，即使发布命令，老百姓也不会服从”。这种无权力的领导方式可以更有效地应用于未来的社会趋势，并可以适应有效的发展管理。

（二）非权力性领导力的构成

对于在组织中工作的个人来说，领导者拥有关键的管理权力，如决策、组织发展、领导和协调等。领导者采用各种职能的管理方式，是非权力性领导力起作用的前提之一。领导者如果能够在公司组织中合理地运用适当的管理的手段，可以起到提高下属的注意力、吸引力以及自然吸引力和提高组织中凝聚力的作用，并相应地反映出领导者的个人领导素质。非权力性领导力还可以充分利用领导者和被领导者在实际领导中的沟通和信息交流等优点。当然，它还能产生亲和力、自身素质和领导者的魅力等。构成非权力性领导力的重要因素有领导者的个人性格、专业精神、管理能力和行动。

1. 高尚的品德是领导者非权力性领导力的内在底蕴

品德在形成的过程中，产生的范围是非常多样化的。品德是指在社会行为中由社会观念、政治准则和道德规范所形成的品质和属性，而针对用于评估领导者个人领导力的指标而言，领导者的个人的品德和非权力性领导力的发展有非常紧密的联系。

简单地说，非权力性领导力可以说是领导者的另一种个人道德品格，非权力性领导力也是领导者决策的核心所在。领导者在日常生活中的道德原则直接影响他对领导和权力看法的形成。

对于一个在社会中生活的人来说，品德不是一种可以具体表达出来的力量，但是它可以自然地产生吸引力，影响个人的意识。非权力性领导力的主要内在基础是日常生活中形成的个人品德，这种基础可以帮助领导者形成良好的个人形象、诚信和权威，自然可以形成无形的领导力和强大的影响力。这种无法用语言来表达的个人领导力也创造了一种自然的吸引力和说服力，从而吸引了下属，实现了领导力要管理好下属的最终目标。这种非权力性领导力让人们自然而然地接受领导者所做出的决策。

2. 知识结构是领导者非权力性领导力的生成依据

通过不断学习和实践积累的丰富知识是智慧的结晶，在这个过程中能够锻炼个人能力和培养客观方法，同时也能够培养创新思维。通过不断学习获得的管理知识结构有助于发展非权力性领导力，这也是非权力性领导力产生的一个重要条件。通过合理地使用自己的专业知识和实践积累知识，领导者的个人知识对他所领导的人以及所有层次的人都有一种无形的、极具说服力的力量，并创造出令人印象深刻的领导形象，这是做出正确决策的重要因素，也是团结群众的一种无形的力量。领导者需要与时代发展的步伐同步，了解知识和信息时代的发展潮流，并为自己的知识水平的进步设定更高的标准。

知识作为提高领导者水平的基本条件，可以促进他们在实际管理问题上做出更多正确、有先见的决策，知识的了解多少决定了领导者的决策水平和知识化程度。领导者需要对不同时期产生的管理知识有一个更为全面的了解，并结合现代科学和文化知识来提高个人的管理能力。

领导者的知识水平与他的个人的品德有一个发展同步的过程。如果一个领导者只有较高的个人诚信，却没有相应的知识水平，那么这个管理者个人的非权力性领导力在实际运用时会有一定的局限性，不会发挥最有效的管理作用。为了能够满足下属对于管理过程的要求，领导者需要以丰富的知识和高尚的道德品质作为管理的基础。

3. 突出的才能是领导者非权力性领导力的有力保障

才能是指领导的能力和专业知识的水平。领导者的才能是其完成任务的前提，是提高领导力的关键，也是建立诚信的重要因素。当一个领导者在工作中拥有特别的才能和表现时，会给下属带来不一样的印象，使他们敬佩和仰视他的才能，也有助于他在组织任务中更好地领导下属。领导者应特别注意提高自己的语言表达能力，以及根据工作的具体性质迅速做出决策的能力。

4. 深厚的感情是领导者非权力性领导力的不竭之源

在组织中的感情，就是指领导者对其下属的工作和生活表达出的关心和关注。人都需要感情上的交流。人们在社会上进行社交过程中想要获得情感交流，并且也希望他人能够尊重自己。因此，领导者要会使用情感中的管理，在工作中主动和下属进行交谈，与他们沟通，与他们交心，以情感人。领导者如果对下属在工作中的表现十分关注，并且能够关心他们，理解他们，就会使下属感到双方情感上的距离有所拉近，受到尊重，从而提高领导者对下属工作的影响。因此，领导者必须重视情感的投资，真正地关心、尊重和信任下属。

（三）非权力性领导力作用

1. 有助于顺应科学规律，提高领导成效

在实践中可以得出：非权力性权威更具有相对优势和影响力。这是因为通过权力来下发的工作关系非常简单：领导发号施令，下级服从上级。从非权力性权威和权力性权威比较的结果而言，主要依靠权力来促进自己工作的管理者并不能促进自己的人格魅力的发展，也不能建立和下属之间良好的沟通关系。

2. 有助于消除错误认识，力促成就实现

有些管理思想比较陈旧的领导认为，只要有权力，就有权威，就能成为强有力的领导；也有领导认为，领导的核心就是应该以命令和控制为主，应该多使用惩罚的手段来体现权威，其他的手段并不实用；还有的领导认为，如果领导者过于善良，就会被下属欺负，道德和性格上的魅力不利于巩固权威，帮助管理活动的开展。这些错误的观点没有认识到，我们所研究的非权力性权威是建立在一定的领导地位之上的，也就是说，非权力性权威的建议是以权力性权威的存在为基础的，这两者结合起来更能够将领导者的权威发挥到最大程度。

3. 有助于形成融洽关系，激发下属主动性

社会交换理论告诉我们，领导者和被领导者之间的互动是一个良性循环的社会交换过程，能对组织目标的实现起到积极的作用。领导者应该注意帮助、信任

和支持他的下属，倾听他们的意见并能公开接受他们的意见，他越是能够开诚布公，下属就越是能够尊重他，并越是对他表示支持和服从。领导者的责任是指导下属开展各种有利于组织发展的活动。这样一来，领导者的非权力性领导力在这个过程就能有力地吸引和激励下属，激发他们的工作热情，达到提高工作效率的效果。这样，不仅领导者的权威得到了加强，领导者与下属的关系也更加的融洽，而且也能够更加迅速地实现组织目标。

4. 有助于塑造企业文化，完成领导责任

现代领导者的关键职责之一就是创建企业文化。从公司的道德和行为中总能看到领导者的个人魅力，企业文化能够体现出这个企业领导者的道德标准、心态和社会责任感。一个好的领导者既能够管理好一个公司，也能够以自己的思想来影响整个企业，用他的思维方式和观念、道德观、工作态度以及处世哲学等无形的财富来影响下属在工作中的表现。

5. 有助于树立企业形象，吸引更多人才

领导者不一定是万能的，但他必须有高尚的道德品质。因为个人的品质往往对支撑公司繁荣的人才更有吸引力。如果领导者是一个道德高尚、聪明、慷慨、知识渊博、谦虚、智慧的人，那么一大批人才都会愿意为他做事，为企业做贡献。如果领导者没有个人的魅力，公司已经具备的人才也会流失掉。

（四）非权力性领导力的认识误区

在实践中，许多管理者并没有使用非权力性的影响力，而是依靠其职位的影响力来实现工作目标。

一些身处领导岗位的人要么依靠自己的一些经验和热情来应付日常的工作，要么依靠手中的权力强迫下属不分工作范围的工作，在今天这个知识爆炸的时代，这样的做法显然是不够明智的。此外，无论是因为下属之间的分歧、工作中的不适宜行为、个人利益的冲突还是其他的因素，一些管理者往往把错误推到别人身上，把成绩揽到自己身上，不能为公奉献，而纯粹是自私自利，这会让下属感到非常郁闷。甚至有的人用金钱、物质和政治手段来吸引人，不顾自己在下属中的声誉。

一些传统的学者和管理者都认为，领导的权力是法律或行政组织赋予，这种权力可以通过合理的运用在实践中实施。在现实中，影响力是指一个人通过与他人互动对他人的心理和行为进行影响或改变的能力。一个只有权力影响的管理者，在激励下属的心理和行为方面不能够起到最大的作用，所以在这个过程中进行一定程度的非权力性领导力管理是必要的。非权力性领导力没有很强的限制性，它体现了领导者自身的素质、性格、知识等方面的综合素质，更能够从多种方面影响被管理者，所以与权力的影响相比，非权力性领导力更能激发热情，更有利于提高管理方面的水平，所以其意义也更为深远。现代化的发展模式为领导者设定了更高的管理标准和水平，只有当我们越来越重视非权力性领导力的作用，并使其充分实现，我们才能成为一个真正有效和自觉的领导者，最后能够影响他人的行为。

（五）非权力性领导力存在认识误区的原因

1. 崇尚绝对权威

由于我国历史发展的原因，许多领导人往往喜欢掌握绝对的权力，提倡说一不二的领导方式，这种管理的方式和古代的帝王非常相似，实行家长式作风，使用强制的权力让下属工作，把成员集中在一起，用手中的权力来控制他们。在这种观念中，领导力和权力成了一个定义，而来自权力的控制最终导致了对下属的完全征服。

问题的关键在于，权力的领导力的概念不能够完全地相等。如上所述，权力作为一种外在的力量也许可以实现对下属的控制，但这种控制只能存在于行为的控制，不能让组织中的成员从思想上完全信服领导者。另外，领导力作为领导者的一种特质，凭借其影响力，对下属在思想、态度、价值体系和行为等方面都会产生各种影响。因此，真正强大的领导力应该来自于领导者在思想方面的引领作用。

2. 未能正确认识领导力的形成规律

领导力的发展和提高有一个客观规律，通常有五个阶段才能完全形成，每个阶段的领导力水平都能够得到提高。然而，许多领导者没有认识到这种模式。

下面就对领导力形成的五个阶段进行一一的介绍。第一，领导者依靠的是地位和权力对下属进行领导。这是非常传统的基于权力的领导，是最低层次的领导方式。第二，通过威望和关心的方式进行领导。领导者依靠他的知识和经验、品德和个人表现以及爱心来创造他的个人威信，建立超越权力的领导力。第三，领导者依靠的是实力和业绩。这是一种领导才能或表现的类型。领导者的权威可以依靠自己的业务水平和才华征服下属。第四,一个在用人时可以信任下属的领导者。这是授权型的管理，也就是更高层次的管理。第五，树立榜样的形象。这是智者类型的领导，是最高级别的领导。所谓超越，就是对道德、高尚的思想品德和理想的榜样形象的追求。

三、非权力性领导力的自我修炼

（一）正确发挥非权力性领导力

在行使非权力性领导力管理时，首先要非常仔细地考虑的是所行使的权力的类型以及会造成的结果。一个事件发生之后，首先要对事件的规模和大小做出评定，确认其层次，然后才能够利用权力进行处理。领导者可以使用权力处理紧急的事件，但要避免滥用权力。

此外，在使用权力时，领导者首先必须遵循三个原则。

（1）避免以权谋私。在用权的情况下，以权谋私是管理领域的最大忌讳，对领导者未来的事业发展具有极大的副作用。

（2）避免以权徇私。领导者必须了解行使权力的方法和手段，给下属以适当的指示，并在下达决策之前仔细考虑决定的各个方面是否符合组织发展的目的，这样会更加利于决策的传达和实施。

（3）避免不公正地行使权力。在作出决定和下达命令之前，领导者必须区分行使其权力和避免凭主观感觉滥用权力。滥用权力不仅会影响领导者在成员群体中的影响力，而且还会破坏领导者长期以来对自己形象的经营。因此，领导者在每一个命令发出之前必须仔细考虑命令发出的措施是什么，并认真对待每一次的命令。

（二）注重品德修养，树立良好形象

处于不同位置的人物性质受到了不同性质品德的影响，领导者的地位和个人世界观性格的水平是判断领导者个人的标准之一。最重要的是，领导者必须绝对客观，在任何时候都要保持对权力本质等问题的客观立场；同时，利用相对正直和忠诚的领导地位可以建立一个较为正面的领导形象，并自然而然地形成一个强大的领导风格，通过呼吁、行动、劝说等方式影响到身边的成员和下属。领导者的习惯性领导风格也是其基本领导形象的反映。领导者能够持续保持良好的作风，有助于下属更愿意接受日常工作的安排以及变化，并提高领导者与管理者关系的有效性。

（三）丰富知识，提高领导能力

对自己主管领域的业务有充分的了解，对自然科学和社会科学有广泛的认识，这些都是当今新时代管理者所需的个人领导能力的具体要求。个人管理技能和知识水平现在是评估管理水平的一个关键标准。领导者需要提高个人知识水平，主要能够在以下几个方面努力：掌握高新技术，可以提高个人组织和管理技能，以及有效决策；此外，领导者通过感知情感的重要性，与下属进行感情上的沟通，从而有助于工作的顺利开展。研究表明，大多数人类行为主要受到个人情绪的影响和精神驱动。在这种情况下，领导者的领导技能之一是自然地与下属建立友好和亲切的关系，使下属在服从命令时产生真诚和自然的责任感。

（四）用心培养员工，建设、管理团队

对于领导者来说，关心团队的建设也是为将来自己的管理做好铺垫。领导者要发挥非制度权力的效用，就必须确保员工能够充分地、彻底地理解并执行领导者的意图。员工在工作中需要具备适当的知识和技能，以便他们能够充分和完整地参与。因此，必须培训工作人员，建立一支高素质的工作人员队伍，以改善非制度权力的使用。

为此，管理者必须建立领导管理方面的文化，培养员工的领导力意识；建立绩效文化，推动员工把贯彻决策的活动，作为所有活动的最高准则和最终目标；加强员工的知识和技能方面的培训；努力创建个人绩效记分卡，促使员工提高自己的素质和能力；领导者的职能要逐渐向教师的方向转型，向团队传授新技能，

强化领导者新技能的同时，发展团队成员的新技能；通过及时庆祝积极成果来提高员工的积极性，使每个人在拥有成就感的同时增加对工作的热情。所有这些方法都是非职位权力的情况下提高领导力的有效途径，而且都需要管理者的关注。

第二节　领导团队建设

经济学上的“木桶理论”认为，一只木桶盛水的多少，并不取决于桶壁上最高的那块木板，而恰恰取决于桶壁上最短的那块。根据这一核心内容，还可以得出结论，一个木桶的容量大小，不仅取决于每块木板的长度，还和每块木板结合的效果有很大的关系。如果木板之间有缝隙或大的空间，木桶就不能够容纳一定量的水。一个团队的水平高低不仅和每个成员的能力有关，还与成员协作的能力具有紧密的联系，以均衡发展和相互联系的方式形成一个强大的整体。

一个团队获得成功的标志是实现了共同的愿景和共同的目标。一个共同的愿景是团队和组织的灵魂和内核。一个团队不仅仅是人们在一起共同工作，大家还为了相同的目标而奋斗。商业组织出于不同的目的组建不同的团队。身为领导者，进行团队管理的第一步，就是建设一支高效优质的团队。下面，本书首先对高效优质团队构建过程进行阐述，随后对领导者在团队建设过程中应注意事项作详细分析。

一、高效优质团队的建设过程

（一）制订战略重点

团队制定战略重点时必须从企业的未来发展出发，并将企业的价值观与发展目标结合起来。

（二）确定团队目标、职权和期限

团队的建立需要有具体的目标和工作要求，并在这个范围内对活动进行指导。

在合适的情况下，应授权团队做出和制定相应的决策，团队成员应了解给予权力的范围。

最后，该小组应制定一个时间表，在此范围内指导其活动。

（三）挑选团队成员

在挑选团队成员时，根据完成团队任务所需要的素质、经验和知识来甄选人才，并根据这些方面来选择成员。

确保聘请的个人有助于形成互补性的技能组合。虽然理想的技能组合根据团队的使命有所不同，但所有的团队都需要包括以下技术或职能专长的人员组合：解决问题的能力与决策能力 + 人际关系能力 + 团队技能。

团队的理想规模也取决于团队的目标与任务。通常，当团队的任务很复杂并且要求特殊的技能时，微型团队（5 至 9 个人）可能最有效力。如果任务比较简单明了，而且团队成员同样是需要向子集体授权，那么较大型的团队（最多 25 个人）可能是相当有效的。按奇数人员组成团队有助于进行决策，因为这样的话，“多数原则”投票永远也不会出现平票。

（四）确定团队成员职责

团队发展的一个基本要素即团队角色与责任的明确定位。

确定团队人选之后，就需要确定或者传达将由谁承担哪个关键角色。

职责安排无须一成不变，可以在某一时间进行职责轮换，或者也可以指定几名成员在整个项目过程中共同承担某些职责。

（五）制定团队的目标与章程

团队需要具体的目标和工作交付指标，以便团队集中努力的方向。这些初始的目标应该是切合实际的，同时，还应该给团队成员提供挑战，以促进合作与协调。

为团队制定一份书面章程有助于团队在整个项目的实施过程中不偏离轨道。团队章程应包括：团队使命与目标，领导职责，确认需要与之共同工作的其他团队、部门和客户，成功的度量标准，指导团队行为的规范。

（六）确定决策原则

有关团队决策的清晰规则会使团队成员对决策感到坦然并给予支持。作为团队的领导者，需要帮助团队确定决策原则，如图 4-2-1 所示。

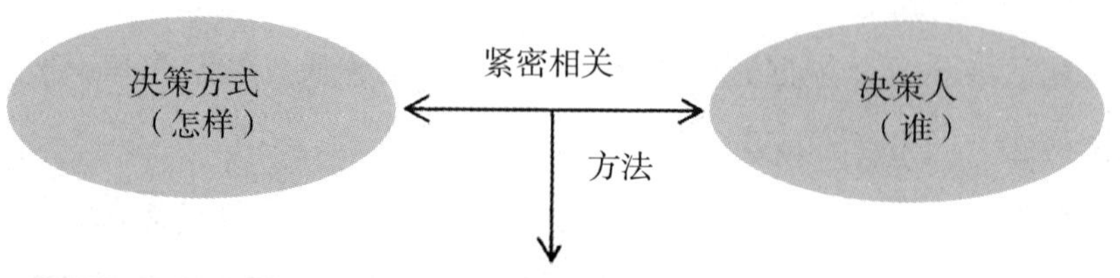

多数原则：团队成员在会议、讨论中发表意见，然后进行投票。得票 50% 以上的决定将被采纳。
一致原则：团队的每一位成员都必须同意采纳某一决定。如果不能达成一致，团队则需要采用新的替代方法。
小组决定：选出拥有相关经验与技能的小组去做决定。
领导者综合团队成员意见，然后做出决定。

图 4-2-1　决策示意图

（七）学习以团队方式运作

为了帮助团队在运作的过程中采取团队的模式，工作应基于整体的认知而非个人的意愿，在团队的协作中培养团队成员的对于团队的感情，并鼓励他们积极承担自己应承担的责任。

某些成员需要一些培训才能在团队环境中有效地发挥作用，如需学习在集体中大胆发言、表达自己的意见，设定界限并能够说“不”，提供正反两方面的建设性反馈，回复建设性的批评，对上级管理者提出要求（如需要什么样的组织支持等），谈判，为自己的行动承担责任。

二、团队建设时所遇到的阻力

在具体建设团队的过程中也会遇到一些阻力。

（一）来自组织结构的阻力

（1）传统的等级体制限制团队的发展。传统等级体制主张自上而下的管理方式，但团队很多时候需要拥有相当的自主权。从某种意义上来说，这也是对传统组织结构的一种挑战。

（2）死板而没有风险的企业文化限制企业的发展。企业是越稳越好，但事实上成熟的企业都鼓励边缘化的探索，鼓励做一些有风险的有益尝试，这为企业未来的生存和发展带来新的渠道和发展路径，本质上是一种很好的尝试。

（3）各部门之间不能很好地协调工作。在以往的企业组织结构中，生产部门、销售部门、研发部门和客户服务部门各司其职，沟通不太融洽，没有通过协调解决问题的习惯，所以导致了很多问题和难题的出现。例如，如果公司的销售没有增长，销售部门说生产部门没有生产出合格的产品，产品缺陷率太高，无法销售；生产部门说研发部门开发的产品缺乏对生产过程和程序的考虑，而且以目前的技术、设备和人力技能无法完成目标产品的生产；研发部门说，只有按照我们开发的产品进行生产，才有竞争力。这种各部门相互推诿的情况造成了组织内部发展的矛盾。过去，市场研发团队是由研发部门自己负责的，但今天是由来自不同部门的人组成的：生产部门的人可以确定研发如何与生产过程相结合；销售部门的人对市场中这类产品的销售情况进行调研。我们所说的研发部门实际上已经成了一种团队合作，这个过程中涉及多个部门，以确保所开发的产品在生产、销售和客户服务方面最终被社会接受。

（二）来自管理层的阻力

（1）管理层担心，如果它创建一个团队，它将失去其合法的权力和地位。

（2）管理层没有及时将权力和责任下放给团队。

（3）管理层没有及时向团队提供足够的培训和支持。

（4）管理层未能及时向团队传达公司的整体目标，也未能对组织的规则进行修改和完善。

（三）来自个人的阻力

（1）过分强调团队的贡献，而忽视个人贡献；在团队中，个人难以取得成就感。

（2）由于在团队中必须保持一种合作的态势，导致未对个性予以重视。

（3）个人害怕团队将带来更多的工作。

（4）团队成员害怕承担责任。

（5）个人担心团队在一起工作时会出现新的冲突。

三、团队建设中存在的误区

（一）误区一：团队利益高于一切

一个团队首先以集体的形式存在着。从普遍接受的“集体利益至上”的价值观中，自然而然地得出“团队利益至上”的观点。然而，如果一个团队过分强调“团队的利益高于一切”，这可能导致如下的两个缺点。

1. 极易滋生小团体主义

对于成员来说，团队的利益是整体的利益，而成员的利益对于整个公司来说是局部利益。过分强调和维护团队的利益，往往会扰乱公司固有的利益平衡，损害其他团队和公司的整体利益，导致团队和公司的价值观和目标不一致，最终影响公司战略目标的实现。

2. 忽视和践踏个体的应得利益

当团队利益被过分强调时，个人利益可能会以保护团队利益的名义受到损害。如果团队中的个人利益长期被忽视甚至被侵犯，他们在团队工作时，就会阻碍整个团队竞争力和战斗力的提升，最终可能会损害到团队的集体利益。

（二）误区二：团队内部不能有竞争

将竞争引入团队将有助于阻止平均主义和平均分配思想的形成。如果团队的竞争性减弱，团队成员一开始可能会热情地工作，但随着时间的推移，他们发现无论工作的成果是成功还是失败，都不会影响到自己薪资的发放和待遇的提升，那么员工工作的热情也不会提高，会产生沮丧和失望的心理，最终选择在工作上偷懒和拖延。实际上，这种方式不具有激励的优点。通过引入激励的机制，采用奖勤罚懒和奖优罚劣方法，打破这种看似具有很多优点的分配格局，能够发挥团队成员的主动性和创造力，团队可以保持长期的活力。

（三）误区三：团队内部皆兄弟

许多公司在团队建设中过于强调团队成员中的感情，认为组织中所有的成员都是一家人，严格的团队纪律是团结的障碍。这直接导致了不完整的管理系统或实施不力，荒废了管理制度。

纪律是取得胜利的前提条件，只有遵守纪律，团队才能立于不败之地。纪律不仅可以保护团队的整体发展方向，也对保护团队成员的核心利益起到了积极作用。

（四）误区四：牺牲“小我”换“大我”

许多组织或者企业认为，培养团队精神意味着每个团队成员必须为大局牺牲自我，放弃个性，将自己的特征抹杀掉，否则就违背了团队精神。

虽然团队精神的本质是合作，强调团队精神，重视团队的力量，摒弃个人英雄主义，但是压抑每个人的天性必然导致团队成员的创造力和创新性会被破坏。如果没有个性的发展，创造能力的发展就会不足，这样的团队只能产出流水线上的商品，不能持续地创新。

在现实中，一个团队不仅是成员的团队，也是由成员的能量组合起来的。团队精神的本质并不是要求团队成员通过牺牲自己来完成工作，而是要充分发挥所有团队成员的长处，通过相互的配合来完成好工作。团队的整体竞争力通过团队成员之间的知识合理分配得到保证。只有通过创造正确工作的氛围，不断鼓励团队成员在多个方面充分表达自己，最大限度地发挥个人的潜在能力，团队才能迸发出强劲有力的创新动能。

四、领导者在团队建设中应注意之处

（一）适时进行授权

身为一名领导者，其职责就是把下属们的潜力挖掘出来，给他们充分的发展空间，把他们的能力发挥到极致，只有这样，才能打造出自己的高效优质团队，企业也才能发展得更快、更好。

精于管理的人会把权力授予各部门，让他们去为自己管理事务，从而使自己有更多的时间来分析市场动态，搞一些创新发明，这样不仅分散了事务管理，也能增强企业的生命力和竞争力。

日本著名企业家多川博经营婴儿专用尿布生意，公司年销售额高达 70 亿日元，并以 20% 的速度递增，这一辉煌成绩使他一跃成为世界闻名的“尿布大王”。

说起这家公司的成功之道，董事长多川博提到，公司原来是一个仅有 30 人的小公司，公司虽小，可事务繁多，但自己却并不为这些事务而感到忙碌，因为自己将权力都下放到各个部门，由各部门料理这些事务，比如，客户订货由营销部负责，原料采购及成本控制由生产部负责，自己每天只阅读各部门的报告文件，这样就可以有更多的时间去了解市场。

多川博能够把权力授权于各部门，就是为了减轻自己被事务缠身的压力，使自己有更多的时间来琢磨市场，了解市场需求，使他的公司成为闻名的大公司，这不难看出分散管理所起到的作用和效果。

任何一个项目都不可能一个人去完成，任何一个公司也不可能靠一个去运转，那么，领导者如何高效率地带领着自己的下属去完成任务呢？适当的授权就是一个很重要的方面。

领导者适当地将权力下放于员工手中，不仅可以使管理者减少一些具体琐碎的事务的困扰，使其工作负担减轻，更重要的是可以集中精力谋划发展的方向，谋划全局，发挥每一位员工的专长，使得组织更有凝聚力和战斗力，也使得团队精神得以建立和发展。

在公司管理方面，要认同“少就是多”的合理性，“少就是多”即领导者抓得少，收获却越多。员工有了更多的权力，相应地也有了更多的责任，他们对公司决策有了更多的参与感，这不仅是对他们的肯定，也满足了他们实现自我价值的需要，员工就更有动力，可能会取得出乎意料的成绩。

在英国卡德伯里爵士看来，失败的管理者只会对员工进行奴役，不希望员工进步，更不希望他们对公司的决策指手画脚，他们只想把权力牢牢把握在自己手里。而真正的领导者则希望员工不断进步，充分发挥自己的才能。管理者要对人和资源进行管理，也就是常说的“管头管脚”，但是又不能从头管到脚。那么领导者到底该如何授权呢？我们将从以下几个方面来进行分析。

1. 选好对象

授权关键的一步就是选择正确的授权对象，领导者要知道哪些员工是品德好、有能力的人，选好对象之后，将权力授予他们。但在授权之前，领导者必须要对员工的优势与不足了如指掌，要细致地考察被授权员工的特点。

2. 明确目标

领导者在授权时，一定要让被授权对象明确要达成的目标，而不是简单拍拍下属肩膀，告诉他："工作交给你了，好好干！"必须要有系统的公司资源和明确的标准界定，员工才会充满热情地将自己的精力投入到公司，反之，员工的热情就会被消磨殆尽，最终心灰意冷，无法达到理想的效果。

在授权的过程，领导不要干预员工实现具体目标的过程，也不要进行严格的监督，更不要用自己的方式对被授权者造成影响。如果员工不主动提出要求，领导者不要这么去做，只需要适时地给予指导即可。

3. 授权不授责

在完成任务的过程中，领导者必须将一定的权力授予给员工，包括资源、人员、经费等相关信息，要明确告知下属如果要进行授权范围以外的活动必须要及时请示。领导者必须要清楚，自己永远都是最终的责任者，虽然权力已经下放给下属，但这并不意味着如果任务失败将与自己毫无关系。

4. 提供必要的工作协助

作为领导者，要想使工作更加顺利地完成，应向下属详细讲述完成任务时常采用的程序、方法、关键环节、重点环节，并针对一些工作细节及此项工作的最终目对其进行提示。不要认为这些信息没有用处，因为对于领导者来说，这些信息是很平常的，但是对于员工来说，这些信息都是需要认真探索才能得到的关键信息，如果领导者提前交代清楚，员工就不用再慢慢地辛苦探索，这样不仅节约了工作时间，也提升了工作效率。

（二）凝聚团队力量

正如一辆质量过硬、受人欢迎的好汽车，每一个部件都是上乘的品质，但是如果把这些零件分散地装到质量一般的车上，它并不会发挥多大的作用，车也不会因为一个好的零件而改变整体的质量。同样道理，或许一个中层领导所在的部门中有不少优秀的人才，但是这些人才是分散的，没有人把他们组合到一起，他们的优秀才能就无法发挥到极致。

领导者在管理过程中也要学会凝聚团队力量，可从以下几个方面入手。

1. 熟悉成员情况

领导者要熟悉每一个团队成员的优缺点，知道谁比较细心、谁比较马虎，谁反应比较快、谁反应比较慢。只有这样才能让他们在工作中相互弥补对方的不足，使工作的效率提高上去。

2. 确定团队目标

通过对团队成员的了解及相关讨论，可以修正共同目标的内容以及目标责任，尽管让全体员工都同意共同目标的内容是很困难的，但是如果能让目标成为求同存异的、使全员认可和接受的还是有可能实现的。

3. 增强沟通交流

领导者要了解团队成员对所做工作的看法和意见，倾听他们的心声，并对这些意见和建议做相应的记录，在安排工作的时候，尽量避免持不同意见的员工做同一份工作。同时也要就这些意见和看法表达自己的观点，让员工们知道自身的工作特点。

4. 建立制度规范

制定严格的管理制度来规范员工的行为，这是每个企业和领导者必要的工作。要通过制度规范对各个岗位做详细的岗位描述，让每个员工都清楚地知道自己应该做什么，应该怎么做，向谁汇报，拥有什么权力，承担着什么责任。

5. 正向鼓励激励

如果员工们想要尝试一件事情，但是最后却失败的时候，领导者不要一味地处罚，这样只会消减员工的热情，找到失败的原因和解决问题的办法才是最重要的，同时要鼓励这些刚刚经历了失败的员工，让他们多向有经验的员工学习，互帮互助，大家进行更好的配合，也更有利于工作。

要想让工作达到更好地效果，领导者就要把员工团结起来，只有一些优秀的员工是不够的，只有员工之间彼此配合工作才会更高效、更高质地完成任务。

管理大师彼得·德鲁克曾说，精神力量可以让一个人生存和发展，他的生存状态取决于他的理念。同样的道理，如果一家企业要想兴旺，就需要团队精神，无数人的个人精神融汇成一种共同的精神，企业才能够长久地生存下去。

21 世纪科技高速发展，信息飞速传播，知识经济时代已经到来，这就对人们进行团队合作提出了更高的要求。一个人的能力是有限的，哪怕你可以“以一当十”，但是在团队面前也是很渺小的，团队中不仅每一个成员有着十足的干劲，而且他们还有团结合作的意识，这样的团队不容小觑，团队合作可以发挥更大的作用。

（三）注重优势互补

团队中的每个成员有着共同的目标，如果他们将自己的潜力充分发挥出来，并且可以协调一致，那么团队的整体威力也会得到充分体现。只有合作，大家才能团结一心，成为一个整体，做事才会有所成就。

一个外科医生，无论他的医术再高明，没有好助手和技术熟练的护士配合，也无法完成一项高难度的手术。这说明一个人的力量是有限的，要想走向成功，就必须要团队合作。如果一个人缺乏合作精神和能力，那么他的事业会受到影响，甚至无法适应社会。

对于领导者而言，团队就像一支球队，足球队里有守门员、后卫、中场、前锋，有擅长技术的，也有擅长速度的，篮球队里也有强力得分手、控球手、篮板球手、3 分球球手等多种技能的成员。团队也是如此，团队内部要协调，就要注意到每个人不同的特质，根据成员的学历、性格、能力、特长、年龄等在团队中进行合理搭配和组合。如果员工的个人偏好与其工作性质及在团队内的位置分配是一致的，那么就有利于团队的整体绩效。

2005 年 10 月 12 日，由费俊龙和聂海胜担任航天员的“神舟六号”飞船在巨大的轰鸣声中飞向太空，并于 2005 年 10 月 17 日凌晨 4 时 33 分在内蒙古四子王旗中部草原成功着陆。对此，世人无不称赞他们俩是举世无双的组合。

中国第一位在太空飞行过的航天员杨利伟曾向媒体这样透露：“神六”飞行，不比“神五”飞行。“神五”飞行只有一名“乘客”，不存在分工和配合的问题；

但“神六”的飞行则是由两人小组完成，所以既要考虑他们的专业技术能力搭配，还要兼顾个人性格、心理稳定性的搭配以及双方良好的心理相容性。

费俊龙说，聂海胜最大的特点就是沉稳和扎实。而聂海胜则称，费俊龙在工作上是一个非常严谨的人，无论干什么事情、做什么工作，都想得比较细，做之前也会进行充分的准备，对训练中的每一个环节、每一个动作，都考虑得很细，使整个训练程序完整、顺利地走下去。

费俊龙和聂海胜性格不同，但他们能相互容纳对方，取长补短，默契配合，这是他们能顺利完成航天任务的关键因素。

事实上，不只是航天员需要性格互补，默契配合，做其他工作也一样。不管我们从事的工作是伟大还是卑微，是复杂还是简单，都有需要团队成员支持、配合的时候。因此，在团队建设中，领导者要重点考虑如何使性格不同的团队成员形成优势互补，从而让团队具有更强力量。

（四）形成团队精神

团队精神的核心是协同合作，反映了个体利益和整体利益的统一，集中体现了协作精神、大局意识和服务精神，是实现组织的高效率运转的保证。

任意一个在一起工作的群体不是团队。团队必须具有团队精神，团队精神代表着倾听他人的观点，并积极给予回应，支持、尊重他人的兴趣和成就的价值观。

我们可以明显看出团队与一般性群体的差别——创造团队业绩。团队业绩是从哪儿来的呢？从根本上说，团队成员个人的成果是团队业绩的首要来源，其次才是团队成员集体的成果。一句话，就是要求团队成员做好自己应该做的事情。

当然，我们不能忘记团队的根本功能就是让团队的整体业绩超过团队成员的个人业绩之和，让团队业绩由各部分组成而又大于各部分之和。

团队成功的保证就在于发挥每个团队成员的特长，让大家树立团队精神，产生协同效应。否则，一旦离开了团队精神，团队将成为一盘散沙。

在竞争激烈的年代，团队精神是团队中的每个成员都必须具备的，只有这样才会取得成功，工作才会有顺利的进展。团队成员要了解团队的规章制度，熟悉团队文化，尽快融入团队，认同并接受团队的价值理念，根据自身的特点找准自己在团队中的位置，认真履行自己的职责。

因此，领导者在建设团队时，不仅要设置不同的岗位，让每一个通过选拔的成员都能找到自己合适的位置，让团队成员充分发挥自己的个性，根据他们的特点给予他们不同的待遇、培养和肯定，还要营造团队精神，使每一名团队成员都能更好地融入团队之中。

在中国现阶段日趋激烈的竞争中，有的企业昙花一现、悄然逝去，有的企业由盛而衰、苦苦挣扎，有的企业却日益壮大、长盛不衰，其答案只有一个，那就是是否具有核心竞争力。

企业的核心竞争力到底是什么？有人说是技术，有人说是人才，有人说是创新，有人说是品牌，有人说是管理，有人说是服务，还有人说是知识产权。

如果按照以上这些特性去衡量的话，那我们应该清楚：技术可以买到，人才可以收购，品牌可以创造，管理可以学习，服务可以克隆，知识产权可以申请，所以这些都不是真正的核心竞争力。真正的核心竞争力应当是团队精神，任何一个企业的生存和发展都离不开一种精神的力量，这种精神使得企业具有强大的凝聚力和向心力，它就是我们所说的团队精神。它才是企业真正的核心竞争力，是所有组织成败的关键。

所以，要想形成团队精神，并不要求成员牺牲自我，让他们挥洒个性、表现特长，反而更有利于完成任务，实现目标。对于一个企业而言，个人能力和团队精神是同等重要的，如果说推动企业发展的纵向动力是个人能力，那么达成企业经营目标的横向动力则是团队精神。因此，领导者既要培养员工个人能力，又要注重团队精神的形成、培育，最终保障企业具有强大的核心竞争力。

第三节　领导团队执行

在本节，本书先从整体切入，就领导团队执行过程进行阐述，继而对领导者在领导团队执行中需要注意事项加以分析。

领导团队执行的过程就像医生诊治患者的过程一样，先诊断，后开方，根据团队发展的不同阶段，可以采取不同的领导方式。

一、团队发展的阶段

想要判定团队处于何种阶段，除团队特征外，还可以从另外两个因素中得到启示：第一是执行力。团队的成员是否会做事、能做事，是否拥有相关技能，这些问题都从执行力上反映出来。第二是团队成员的士气。团队成员愿不愿意做是团队成员士气所体现出来的（见图 4-3-1）。

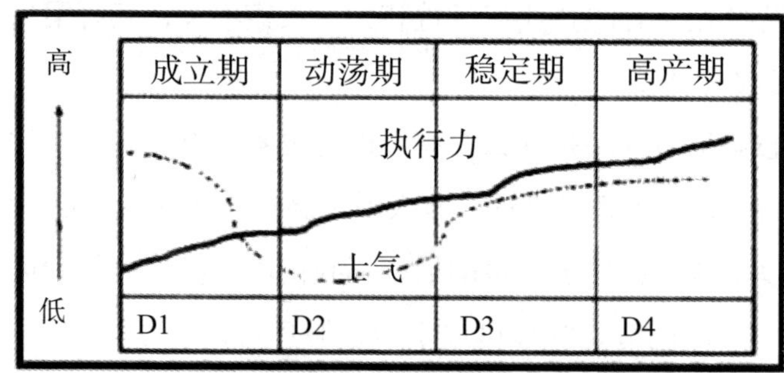

图 4–3–1 四种不同的团队

根据士气和执行力的高和低，可以组成四种不同的团队。

（一）第一阶段

第一阶段的团队刚刚完成组合，人们对新加入的团队往往有着比较高昂的士气，虽然可能还没有很好地掌握新的技术、新的观念和新的知识，执行力相对较低，但人们对新团队的期望值比较高。

（二）第二阶段

团队发展进入到第二个阶段，开始进行培训，人们对于产品知识有了较多的掌握，执行力也会相应提高，但这一阶段处于磨合期，因为不断地出现矛盾和冲突，士气较低。

（三）第三阶段

团队发展到第三个阶段，有了更多的培训，成员会经常进行技能的切磋和交流，这时的执行力已经达到一个较高的水平，但士气仍旧不稳定，或高或低，时常发生波动。当团队的技能还无法胜任具有挑战性工作的时候，团队的士气就低，但是当团队的技能足够完成任务时，成员们就会信心十足，这时士气就高。

（四）第四阶段

团队发展进入到第四个阶段，执行力和士气都会相对稳定，即双高阶段。但相比第一阶段，士气确实有所降低，但是要想恢复刚开始参加工作的那种的热情，几乎是不可能实现的超现实状态，这个阶段士气是高得相对稳定的。

二、不同时期团队的领导方式

（一）第一阶段：成立期

1. 团队成员的行为特征

（1）情绪兴奋、紧张。

（2）存在较高期望。

（3）自我定位，对环境和核心人物进行试探。

（4）产生很多情绪，如困惑、焦虑和不安全感。

（5）对职权产生依赖。

2. 如何帮助团队度过第一阶段

（1）将自身的期望明确表达出来，对团队未来的愿景进行合理展望。也就是在进行团队建设之后，希望团队在若干时间后，能够达到多大规模，取得多大成就。领导者应将团队的发展方向和远景目标告诉团队成员。

（2）将明确的方向和目标提供给团队。

（3）将团队所需的资讯和信息展示出来。

（4）帮助团队成员互相认识，彼此了解。第一阶段是初识阶段，大家都互不认识，即使自身有什么特长也不好意思表现，这时领导者的作用就是让团队成员之间互相认识、互相了解。这样会使成员之间形成相互尊重的氛围，有利于以后的团队合作。

（二）第二阶段：动荡期

1. 团队在动荡期阶段的表现

动荡期的团队面临着新观念的挑战，成员间可能发生冲突，领导者与成员间也可能会产生矛盾。挑战包括人们难以适应过去组织中没有的新规范，还有在其他团队和传统的组织结构中没有遇到过的新技术等等。

2. 如何帮助团队度过第二阶段

（1）安抚人心是最重要的问题。首先，领导者要知道到底产生了什么冲突，以及这些矛盾冲突的来源。如果一个人或者一个派系的力量过大，领导者要对这些权力进行化解，不能让一个人的权威打压其他人的贡献。面对有争议的问题，领导者要鼓励团队成员积极发表自己的看法。

（2）做好建立工作规范的准备工作。工作规范和工作标准会对人形成约束，不均衡的现象就会被避免，这种现象作为冲突源一旦减少甚至消失，对于团队的发展是非常有好处的。在规范管理的过程中，领导者要特别注重以身作则。

（3）如有必要，应该对领导的决策进行调整，鼓励团队成员积极参与决策。

（三）第三阶段：稳定期

随着时间的推移，团队整体的技能得到提升，进入团队发展的第三个阶段——稳定期。

1. 团队在稳定期阶段的表现

（1）人际关系发生变化，由敌对走向合作。

（2）憎恶逐渐解除。

（3）成员之间有了更多的沟通，相互更加信任。

（4）团队合作方式的规则逐渐发展起来。

（5）注意力得以转移。

（6）工作技能得到提升。

（7）工作规范和流程逐渐建立起来，逐渐形成自己的特色。

在稳定期，成员之间的人际关系开始发生变化，逐渐解冻，人们不再互相敌对，逐渐开始进行相互合作、互相沟通，共同寻求问题的解决办法，团队开始有了自己的合作方式，新的规则逐渐形成，人们的注意力开始转移到任务和目标上。动荡期人们进行了充分的磨合，进入稳定期，此时人们的工作技能得到慢慢提升，也逐渐掌握了新的技术。这个时期工作规范和流程逐步建立起来，这种规范和流程将团队的特色充分地表现了出来。

2. 如何帮助团队度过第三阶段

形成团队特有的文化和氛围，团队才能顺利地度过第三个阶段。这一阶段是团队精神、合作意识、凝聚力能不能形成的关键。团队文化可以借鉴，可以参考，但不能移植。在这一阶段尤其要注意大家因为害怕发生冲突而不敢提建议的情况，这是非常危险的。

（四）第四阶段：高产期

1. 团队在高产期阶段的表现

度过第三个阶段之后，团队从稳定期进入到高产期，此时的团队可以做出高绩效的成绩。高产期的团队情况会越来越好，团队拥有了更多的技巧，成员会更有自信，大家一起解决问题；此时的成员们已经掌握了诸多技巧，他们通常可以协力使各种问题得到解决；团队成员分享领导权；这个阶段团队已经有了一套标准的流程和方式，成员们以此来进行冲突的化解、进行沟通以及对资源进行分配；团队成员们将自己所掌握的信息自由而建设性地分享出来，同时输出自己的观点；成员们的状态达到巅峰，表现也达到高峰，人们会产生一种完成任务的使命感和荣誉感。

2. 如何带领高产期的团队

要想更久地维持一个高绩效团队，领导者应该怎样去做呢?

（1）工作方法和流程要注意随时更新。随着时间的推移，工作的方法和流程也要随之改变和调整，团队必须要保持不断学习的态度，并落实到行动当中。

（2）领导者要明白自己只是团队里的一员，如果把自己当成团队的领袖、长者或者长官，对于团队建设是没有任何益处的。

（3）注重通过承诺来追求更佳的效果，而不是对成员进行管制。一个成熟的团队，承诺可以鼓励团队，而自上而下的命令不仅没有这样的效果，还会使资深、有经验的团队成员感到反感。

（4）要给团队成员确立更有挑战性的目标。

（5）对工作的进展进行监控，比如在时间已经过半时，对团队的任务完成情况进行了解，确定任务是否已经完成了一半，看是超额完成还是尚未达到目标。在进行监控反馈的过程中，不仅要承认个人的努力和贡献，也要对团队整体的成就进行肯定，团队的贡献非常重要，这也是对大家经过磨合之后形成合力做出的效果表示认可。

三、团队执行问题的解决对策

（一）当团队“卡壳”时

团队在项目执行过程中会因各种问题而“卡壳”。有时，由于一开始便没有较好地界定团队的方向或由于团队成员没有持续地对其予以研讨，团队成员的方向感可能会削弱。由于团队的活力问题或人际关系冲突占用了过多的精力，对团队绩效表现的投入程度便可能不充分或不均衡。团队可能出现关键技能的缺口，或者遭到其他团队的误解、敌视或漠视。

团队领导者可以采取多种方法在团队“卡壳”时解决问题。

（1）主持团队讨论，强调团队的宗旨、方法和绩效目标，利用图表进行演示。探究隐藏的假设或观点上的不同并设法予以解决。

（2）制订一项普通的近期目标并实现它。

（3）通过行业标准、历史案例、访谈或公司考察，从组织内部或外部引进新的信息和不同的观念。

（4）改变团队成员的组成。

（二）个人与团队产生冲突

领导者可以用不同的办法处理个人行为给团队造成的困难。例如，直接进行团队讨论，每个成员都可以评论其他成员，但是被评论的成员要承诺改进自己的行为。但要想这种方式取得最大成效，时间、集体的信任和推动的技巧缺一不可。

还有一种方式是私下解决，促进者和团队的流程观察员（帮助维护团队关系的团队成员）在私下与表现出问题行为的个人见面，他们需要将具体的问题行为描述出来，并对这种行为的影响进行说明，还要告诉他行为继续的后果，最好推荐一种具体的替代行为，最终使问题得到解决。

无论是哪一种方式，都要设置“检查”时间，观察问题行为当事人是否取得进步，同时还要对其努力尝试进行改变的行为表示支持和鼓励，这对于其改变自身的做法是非常有益的。

四、领导者在团队执行中应注意之处

（一）注重细节

老子曾说，天下难事必作于易，天下大事必作于细。意思是说，天下困难的事一定要从容易的事开始做起，大事一定要从小事开始注意。我们每天都在做一些平凡且不起眼的小事，但如果没有这些小事的积累，也不可能成就大的结果。要想取得完美的结果，就必须注重细节。

在工作中，有些领导者往往不在意一些细节、小事，觉得只要大事不出问题就可以了，但是这种观点是片面的，小事的影响一件件堆积起来并不比大事的影响小，只要平时花费很少的心思去注意，举手之劳，根本不用费多大工夫，但是却会取得巨大的效果，这样并不费力的事情为什么不去注意呢?

任何事情要想从量变达到质变的效果都是不容易的，必须要经过一个长期的过程，作为领导者，首先要有做好每一个细节工作的决心，要明白只有重视细节，企业才能得到成长。

“细节竞争力”是很多企业都非常看重的。细节的执行是执行战略的关键，企业要想提升自身的竞争力，就必须掌控细节，并且对细节进行执行、贯彻。竞争力看上去是一个很宽泛的话题，但实际上就是细节的竞争。

细节是非常重要的，注意细节就会带来正面效应，但是一旦忽视对某些方面的细节，必将造成负面影响。细节上的任何失误，都可能导致无法挽回的损失。

美国哥伦比亚航天飞机仅仅在发射几秒钟之后就爆炸了，造成这起事件的原因竟然是一块小小的隔热板的脱落，导致七名优秀的宇航员瞬间丧生，数亿美元的科研资金打了水漂。

从这个事件里，我们可以看出细节的重要性，企业中推行细节管理迫在眉睫。空喊战略和执行只会让员工感觉盲目。执行犹如西服的右襟，战略犹如一件西服的左襟，细节管理犹如西服的纽扣，只有用细节管理连接执行和战略，才能促进企业的成长和发展。在企业中，中层领导是细节管理的核心层，而高层有没有督促中层有效地推行细节管理，严格意义上讲这对企业的生死存亡起到决定性作用。

（二）建立合理的用人机制

企业要建立合理的用人机制，这是非常重要的一个方面。只有制定合理的用人机制，才可以避免一些问题的发生，否则，一旦在用人机制方面出现问题，公司可能就会面临很大的麻烦。

著名的沃尔玛集团对顾客承诺了“天天低价”，为了实现这一目标，他们的经营理念是节省，想尽所有办法、用尽所有手段来节约成本。为了节省，沃尔玛制定了一系列的制度来督促员工。

有一次，沃尔玛的一位部门经理看到员工把包装用的绳子、袋子等材料到处乱扔，于是这位经理果断开除了这位员工，他说：“小伙子，你知不知道我们公司的利润，就是从你不在乎的这一根绳子、一张包装纸里来的，而且公司已有明文规定。现在你破坏了公司的制度，所以请你离开。”

后来小伙子果然被开除了，无论他怎样认错，经理都坚持要按照公司的规章制度办事。

通过这个事情我们可以看出制度到底有多重要。我们可以设想一下，如果没有制度的确立，员工根本就不清楚绳子或者包装纸到底能不能扔，哪些可以扔，哪些要留下，如果没有制度，领导也不知道该怎么对员工进行监督，没有奖惩的标准，他也无法进行工作，节约的理念也就不能得到贯彻落实。

所以说，将自觉工作变成制度，工作中的差错率会大大降低，更好地完成每一项任务。

在用人方面，领导者要遵循科学的机制，在制订用人机制时要对以下几个方面进行注意。

1. 以制度化促进规范化和专业化

在管理大师彼得·德鲁克看来，企业之所以存在，就是为了提供一个制度框架，给每一位平凡的员工做出不平凡的事的机会。制度让员工在任务的执行中有章可依，在有制度保证的前提下让员工在工作中保持自觉性，不仅被领导者能保质保量地完成任务，也会使整个团队都变得高效。

2. 树立科学的人力资源管理观

企业领导者要重视人力资源管理，对人才价值进行科学的定位，明确人力资源的管理目标，掌握各种人才管理的方法，灵活运用，使得员工的潜能得到发挥，促进团队执行力的提升。

3. 建立合理的人才选拔与评价机制

在团队内部，领导者应建立合理的人才选拔与评价机制，不仅可以选拔优秀人才，还可以调动员工积极性，通过考核员工技能和业绩，使得员工在竞争中对自己的实力有一个清醒的认识，不断激发自己的潜能，提升自己的实力。考核标准要建立量化的体系，只有具体的标准才能相对公平地对员工进行评价，建立透明、规范的奖惩机制，促进其制度化。

4. 增强制度执行力

一流的领导者不仅能按照制度将事情进行妥善处理，还能主动制订一系列行之有效的制度，同时不断地对其进行完善，使得任务更好地完成。

（三）坚持以目标为中心

目标是人们前进的方向和动力，有目标的人往往都是斗志昂扬的，而相反，没有目标的人就会感到迷茫和困惑。我们以出租车来举例，出租车在什么时候行驶最危险？在没有乘客的时候。造成这种现象的原因是什么呢？因为有乘客的时候，司机会想尽一切办法尽快到达目的地，此时他是全神贯注的，但是在没有乘客的时候，他不知道自己的目的地在哪儿，他没有明确的前进方向，在遇到岔路口的时候他会犹豫不决，不知去处。

从团队的角度来说，也是同样的道理，一个团队如果没有目标，就没有奋斗的方向，成员之间也会像一盘散沙，毫不团结。因此，一个团队必须要有一个确定的、崇高的、有吸引力的目标，这个目标要得到团队成员的认可，充分发挥团队的凝聚力，让团队成员共同为了一个目标努力、奋斗。所以，团队精神的核心动力就是崇高的目标。

英国有句民谚：若想知道企业内的温度，只要将温度计放入领导者的口中即可。也就是说，领导者自己首先要到达一定的高度，才能带领员工取得理想的效果。所以，我们可以说，有怎样的领导就有怎样的员工，领导才是实现目标最终要依赖的那个人。作为领导者，自己首先要锁定一个目标，才会有跟随者；员工只有跟随领导者的步伐，才能找到目标。

所以说，领导者必须要有明确的目标，这样团队才不会失去方向，他们所做的努力才是有效果的，否则他们就会像海上航行失去地图和指南针一样，永远都到达不了目的地。

然而，现实中，有许多公司，他们有明确而具体的目标，人员也没有问题，却没有实现目标。实际上，这些公司的失败并不是因为目标模糊或者太多，也不是因为人们力不能及，而是因为没能贯彻执行，或者说没有进行及时跟踪。

领导者的任务除了制订计划，还要进行跟踪。开始实施计划后，要设定周期，对结果进行检查和确认，仔细考评和反省达成率、生产效率。如果出现了问题，要尽力找出问题的原因，并使事情得到解决。只有进行跟踪才会不断进行完善，并在追求目标的过程中使团队的实力得到提升，确立一个明确的、具体的目标才有意义。

总的来说，领导者要以目标为中心提升团队执行力，同时也要认识到，仅仅有具体、明确的目标，并不足以保证能取得成功。要使目标真正有效，发挥作用，还必须对目标进行跟踪。这是达成企业执行力的重要方面。

（四）营造积极的工作氛围

钓过螃蟹的人或许都知道，篓子中放了一群螃蟹，不必盖上盖子，螃蟹是爬不出去的，因为只要有一只想往上爬，其他螃蟹便会纷纷攀附在它的身上，结果是把它拉下来，最后没有一只能够出去。企业里常有一些人，嫉妒别人的成就与杰出表现，天天想尽办法破坏与打压，如果不予去除，久而久之，组织里只剩下一群互相牵制、毫无执行力的“螃蟹”。

对于不知悔改的“螃蟹”，应该尽早将其从团队里清理出去。领导者要致力于营造出一种积极进取、团结向上的团队工作氛围，切实提高团队执行力。

“一花独放不是春，万紫千红春满园。”工作团队在企业中越来越盛行的原因是：它形成了团结精神，它把管理层从事务性工作中解放出来并使他们从战略层面进行思考；它接纳更为灵活的决策，实现工作多元化，并常常能提高绩效水平。

在企业中有四种比较常运用的工作团队，分别为跨职能团队、自我管理型工作团队、虚拟工作团队、职能型工作团队。跨职能团队是由来自不同领域的专家组成的混合体，来自各个领域的大家并肩作战，目的是共同完成任务；虚拟团队利用了计算机技术，分散在各地的成员由现代的信息技术联系起来，大家在不同的地点团结奋斗，朝着共同的目标努力奋斗；自我管理团队没有管理者，是由正式员工群体组成的，他们共同负责整个及局部的工作流程；职能型工作团队的组成是一名管理者和来自特定职能领域的若干下属。

第四节　领导团队成长

作为领导者，不仅要建设团队，使团队执行力得到提高，还应帮助团队不断成长，具体做法主要包括以下几个方面。

一、实行有效的团队培训

领导者拥有权力，但这并不是他的伟大之处，授予别人权力才是他真正过人的地方，成功者一定拥有后继者，而领导者真正的职责恰恰是发掘人才、培养人才，使得工作能够完成，并且最终取得成就。

很多管理者认为培训是多余的，但是作为一种企业行为，这是企业对员工的投资，培训一定是会取得效果的，并且会对未来的工作产生良好的影响。

现如今，各行各业都认同团队培训，尤其是对于大公司来讲，他们更重视团队的凝聚力，希望公司的员工都能够更有责任感。很多企业领导者都已认识到：团队合作，使得个人的技术成为团队技术；而团队培训，又能提升成员的实力，团队会到达一个新高度，并且这个高度会逐渐成为一个新的行为标准，最终团队会得到成长，取得更多的成效。

通过领导者的培养，员工在实现自我成长时，他们会更加忠诚于领导者，并且这种忠诚度将会达到最高值，领导者赢得了员工的忠心，员工也会更加爱戴领导者。

团队里的成员都是高素质的水平，那么团队的整体水平也会得到提高；如果团队成员平平无奇，那么这个团队也不会创造出惊人的业绩。我们可以说，团队绩效受到团队绝大部分成员知识、技能和经验等各方面水平的影响。要提升团队整体绩效，就要提升团队成员技能和素质，实行有效的团队培训是重要的手段，这也是企业发展壮大过程中必然要经历的阶段。

具有发展潜力并让团队成员不断成长的环境才是良好的工作环境。成员必须要不断成长，才能适应不断变化着的内部和外部环境，才有能力去应付不断增长的团队绩效要求。

作为企业领导者，要重视员工技能和素质的提高，使得拥有更强的工作能力，这样才能适应以团队竞争为市场核心竞争的生存法则，这也是维持一个企业长盛不衰的办法。

领导者还要知道，即使现阶段人才拥有较高的学历和能力，但是其仍旧需要企业内部的培训，并且培养人才的周期很长，这些人才不可能立即就发挥作用。为了满足企业的需求，员工只有经过培训，然后不断消化，最终将培训中所掌握的知识转化为自己的能力。

有效培训的意义是非常重大的。

其一，使得员工的工作技能得到提升。有效的培训能够使得员工得到快速地成长，并且有利于企业的发展，实现双赢。当团队的成员绩效非常好的时候，整个团队的绩效也会因此得到提升；如果团队成员拥有了更多的技能，那么对于团队实现自己的目标也是非常有益处的。我们可以说，团队的绩效在很大程度上受到团队成员的影响。

其二，能够减少员工流动，降低员工流失率。当员工遇到无法解决的难题时，他们会感到这份工作带来的压力，在与同事和领导沟通的时候容易产生不快。有效的企业内部培训可以有针对性地解决员工的问题，难题得到解决，员工自然会更加积极主动，同时更加具有创造力，减少消耗，促进良好工作氛围的形成。

其三，能够鼓励员工，增强他们的战斗力。领导者不要只将下属看成协助自己完成工作的公司员工，而要将他们当作是公司的一部分。员工渴望向上发展，不断增强自己的战斗力。如果不满足他们的需求，他们就会缺少工作的驱动力，就很难长久地留在公司。而培训工作不仅可以满足这种需求，还非常简捷有效。

其四，企业目标要尽量能够促进个人的发展。领导者不要违背培训的初衷，培养下属没有问题，但是不能背离实际工作。为了避免这种情况，领导者要尽可能用企业目标使员工得到个人发展。

在实行团队培训时，领导者应当具体注重以下几个方面。

（一）注重“五个结合”

第一，培训应结合团队的发展方向和规划。团队发展方向和规划是培训的重要组成部分，也是制订人力资源计划的主要依据。

第二，培训应结合企业的发展实力，立足于企业本身的经济基础。培训员工，使其拥有知识和技能，这种想法永远没有问题，但是要注意企业实际的经济水平，不能让培训成为企业的负担，反而使成本大于收益。

第三，培训要结合企业的经营生产状况。现如今，社会飞速发展，企业要想适应这种浪潮，自身必须要谋求发展，甚至是超前发展，培训员工的知识和技能的水平是非常重要的，但是这种规模和影响不要太大，不能对企业当前经营生产任务造成影响。

第四，培训要结合与企业的人才引进、招聘工作。一方面要对企业内部的人力资源进行整合，对内部人才进行培训，另一方面要充分利用社会的人才资源，适度招聘、引进人才；同时培训工作要结合人才招聘的难易程度、要为此付出的代价等因素有计划地开展。

第五，培训要结合团队员工的潜力、个人素质、个人发展意愿（发展）计划。

教育要因材施教、因人而异，团队开展培训工作也是如此。

（二）做到“五个优选”

第一，对培训时机进行优选。恰当的培训时机是非常重要的，既不能滞后于社会的发展、团队自身的发展、同业竞争对手的发展、部门及其岗位工作的需要，也不能过于主动、超前地开展培训。

第二，对培训地点进行优选。培训地点的选择要考虑多方面的因素，无论是国内、外，还是国内远、近，或者企业内、外，最重要的是进行优选。

第三，对培训内容进行优选。培训的时间是有限的，而知识和技能是无限的，既然每个人不能掌握全部的知识和技能，那就需要在有限的时间内掌握更重要的内容，将内容分出轻重缓急，并且选择团队目前、近期或中期急需知识技能进行培训。

第四，对培训方式、类型进行优选。培训方式、类型有很多，有公费、自费、半公半私；有面授、函授、自修；有脱产、不脱产、半脱产。要根据实际情况进行选择，如团队对知识、技能的需求量、缓急程度及培训的内容、人员、时间、地点等。

第五，对受训人员进行优选。每位员工都有接受培训的权利和义务，对全体员工进行培训是企业的责任，但平均主义是要不得的，因为对于受训人员而言，他们受训时间不同，个人岗位、素质也不同，在受训要求方面更是不同。

二、营造优秀的团队文化

法国企业界有句名言：“爱你的员工吧，他会百倍地爱你的团队。”可见，有远见的领导者已然悟出了“爱员工，团队才会被员工所爱”的道理，因而采取软管理的办法，创造出了“家庭式团结”的团队。试想，团队中有这样和睦、相互关心的成员关系，成员又怎么会不努力工作呢？

如果我们将团队比喻成舟，那么文化就是水。如果一个公司文化氛围非常优秀，那么团队合作就像是顺水推舟一样非常轻松，河水本身的力量自然会使团队工作不断前进。

一个团队和一个民族是一样的，团队成员之间要想互相认同，共同的文明意识、文化成就感和文化心理是基础。进一步说，团队成员之间要有一致的理想、追求和精神境界，只有这样他们才会和谐联动、不断进取。

联想集团前总裁柳传志曾指出，中国有很多优秀的人才，这些人才好比一颗颗珍珠，需要一根线把他们连接起来，组成一串美丽的珍珠项链。我们现在缺乏的就是这根线，所以我们的珍珠都散落着。此言一针见血，切中时弊。这根线就是团队的整体凝聚力，它是通过长期团队文化的熏陶形成的一种通过共同的规范、信仰、价值观将团队成员联系在一起，对事物产生共同理解的文化沉淀。团队文化反映的是团队的个性，与人的个性一样，团队文化能使我们预测到团队成员的态度和行为，使其与其他团队区别开来。

一群人从事一项工作，团队文化就是他们工作的意义。团队文化不仅可以高效地利用有限的人力资源，而且有助于加强员工间的交流与协作。对于一个团队来说，高效的团队文化是其不断进取的动力源泉和行动支柱，也是其不断成长、获取成功不可或缺的一大要素。

那么，对于领导者而言，营造优秀的团队文化，需要注重以下几点。

（一）树立“行为决定文化的”认识

改变团队文化的唯一途径是改变自己的行为。如果领导者想为团队文化渗透某种价值观，首先要扪心自问这种价值观是否已经在自己身上体现出来，然后，观察它能否体现在企业员工的行动中。

（二）建立共同的团队愿景

一个团队期望创造出的价值就是愿景，它为各位成员指明了工作重点，使成员们有了努力的方向，对成员们起到了激励作用，从而保证了团队的合作有序、高质量地展开。

（三）形成“一致与满意”的管理理念

领导者的态度在企业中具有非常重要的影响，它就像企业里的恒温器，如果其态度积极，那么整个工作环境就会充满活力，使人产生愉悦的感受，员工工作起来也会得心应手。但如果领导者态度消极，那工作氛围就会变得异常，令人难以忍受。

“一致与满意”理念，从具体来说，就是团队领导的职能是促进和领导，而非负责和指挥；团队的决策不是领导一个人决定的，而是大家共同商议从而确定的。领导者应将一些权力授予给团队，管理职能也应由整个团队共同执行。从“命令与控制”逐步过渡到“一致与满意”的团队管理理念，不仅能营造优秀的团队文化，对于团队文化建设同样具有重要的战略意义。

（四）通过价值观决定决策

领导者的价值观会体现在下属的决策中。如果领导者重视捷径，那下属在制定决策时就会偏重速度而不是质量。如果领导者对他人的感受漠不关心，那下属做出决策时就不会将他人考虑在内。如果领导者对欺诈怀有一丝容忍，那下属中就一定有人认为违背原则和诚信做出决策无关紧要。

（五）保障资金落实

如果没有一定的资金保障，团队文化建设工作将举步维艰。虽然团队文化建设在短时间内并不能收到明显的效益，但是作为领导者，还是要充分认识到团队文化的重要性，将团队文化融入管理之中。在资金投入方面，要每年做好整体规划、预算，统筹安排，分步实施，抓好落实，为促进团队文化建设提供必需的资金支持和物质保障。

三、坚持创新突破

很多人认为，创新是少数天才、科学家、发明家的专利，是陌生，也是神秘的。可实际上，尤其是在现如今社会，创新是已经深入到普通人的生活、工作、学习之中，只是内容和形式有所区别，所有的团队成员可以随时随地进行创新，人们在实践活动中的各个方面都有可能会擦出创新的火花。

每个人都有创新能力，这是人具有的自然属性与内在潜能，普通人与天才并没有很深的壁垒，普通人通过教育、训练和实践，其创新能力也会得到提高，创新能力是人类共有的财富，取之不竭、用之不尽。

一个团队如果缺少创新思维，那它很难在市场上取得良好的发展，甚至生存都会成为问题。团队要想获得更长久的生命力，应该打破固有的思维模式，时刻重视创新，不拘一格，寻找新的经营方式。

团队成员有了创新精神，就会不断地想出新点子，使团队的发展有更多的新路子。经过无数的实践证明，新点子与新路子是团队成功的关键，对团队的发展具有决定性的影响。

真正有价值且令人豁然开朗的创意像金子一样光彩夺目，同时，它也总是藏在不会被人轻而易举发现的地方。只要领导者能捕捉到这些亮点，无论是自身、团队还是企业，都会以飞快的速度向前发展。

美国著名管理大师杰弗里说，创新是做大公司的唯一之路。没有创新，领导者肯定毫无作战能力，团队将难以得到成长，企业也根本不会有继续做大的可能。现在企业更新、淘汰的速度越来越快，呈现出令人眼花缭乱的景象。当一些著名的大企业江河日下、难挽颓势时，一大批中小企业却如旭日初升，光华显现。从某种意义上说，市场竞争是一场不进则退、永无止境的竞赛，对团队创新能力有着迫切需求。

四、形成 1+1 ＞ 2 的合力

俗语说“人多力量大”。但实际上，德国科学家瑞格尔曼的拉绳实验告诉我们在团队中，1+1 可能并不会大于 2。

这样实验研究把参与测试者分成了 4 组，每组人数不同，分别为 1 人、2 人、3 人和 8 人。瑞格尔曼要求各组全力拉绳，同时用灵敏的测力器分别对拉力进行测量，测量的结果如下：2 人单独拉绳的拉力总和的 95% 是 2 人组的拉力；3 人单独拉绳的拉力总和的 85% 是 3 人组的拉力；8 人单独拉绳的拉力总和的 49% 则是 8 人组的拉力。对于这样的结果人们根本就没有想到。

团队是将所有人都组织起来，使团队的威力发挥出来，使其大于各部分之和。而拉绳实验却向这个结论提起了挑战，拉绳实验告诉我们 1+1 ＜ 2，即整体小于各部分之和。

在一个团队中，要想产生协同效应，使整体大于各部分之和，每个成员都应该将自己的潜力进行最大程度上的发挥，并且大家拥有一个共同的目标，这样才能将团队的整体威力发挥出来。

“一个人与他人相比，比人家弱，合在一起就比较强”的企业是柳传志对联想集团的描述。由于联想人聚在一处，将自己的优势发挥出来，并且共同努力，才使得联想汉卡成功研发，并且得到推行。

柳传志曾诚意邀请倪光南加入联想汉卡项目，作为计算机及其应用领域的研发专家，其非常擅长中文信息处理技术，最终汉字系统完成向 PC 移植的工作，把汉字系统集成到一块芯片上。除了专家的加入，再加上其他成员通力合力，不到半年，联想的第一块汉卡就成功出世了。

之后，采购、生产、销售、培训和维修等各个环节得到了数十名研究员、副研究员级的专家带领着上百人的镇守，对联想汉卡推向市场的过程进行了全面跟踪，使得这个项目顺利推进。

其实，这是联想团队建设的传统，团队的工作必须得到团队所有成员的参与。

联想集团在 1994 年成立了总裁办公室，总裁办聚集了各方面的人才，这些人有职能管理部门的经理，也有一线业务部经理等，凡总裁需要决策的项目，都会在总裁办先行进行讨论，要求每一位与会人员都积极地建言献策，发表自己的看法，提出自己的见解。

柳传志认为，这些成员是非常有潜力的，他们将来可能会成为公司各部门的主要管理者。提前将他们聚合在一起，不仅可以对各种决策提出自己的见解，得到了锻炼，彼此之间还进行了磨合，为以后企业团队之间以及团队内部的沟通和交流打下了基础，使有机高效的协作方式得以形成。

我们再来看一个例子：一个编辑室里包括主编、文字编辑、撰稿人员、制作人员和摄影人员。主编负责的工作是分派题目、安排作业、分配资源、追踪截稿进度等；撰稿人员和编辑负责文字方面的内容；摄影人员负责照片拍摄的工作；制作人员负责版面设计工作。在主编的领导下，各个职位的人分工合作，合力将这份工作完成。

在一个企业或者团队中，也是同样的道理，大家都应该积极参与进来，发挥自己的长处，贡献自己的力量，使整个团队产生巨大的能量。

全体团队成员都真正参与到团队事务中去，使各自的才能得到充分发挥，这个团队聚合后会产生质变，形成巨大的能力和超强的战斗力。如果团队领导将一定的权力赋予每一位成员，那么这在很大程度上会刺激成员的积极性，不仅能够减轻领导的负担，还能够充分发挥团队成员的主人翁意识，当遇到事情或者要进行决策的时候，他们不会推脱、观望。

我们都知道，一根火柴散发的光和热永远也比不上一把火柴。作为员工，如果能够积极地参与到团体当中，发挥集体力量，提高自己的团队意识，不仅可以使团队有更强的凝聚力，还可以让自己更有收获，取得比个人努力的成就更大的团队成绩。

管理学家将典型的企业团队分为以下三种：

其一，野牛团队。野牛身强力壮但是却不如比它身体小几十倍的狼，这是因为他们缺乏集体意识。

其二，螃蟹团队。当一群螃蟹企图往上爬时，其余的螃蟹会在后面拉后腿，不想让那些螃蟹爬到高处，结果必然是谁都爬不上去。

其三，飞雁团队。大雁呈“人”字形飞行，这是其本能，前面的大雁在飞行过程中为后面大雁创造的上升气流，使整个团队的飞行效率得到提升。

野牛团队没有团队意识，最终不会取得很高的绩效；螃蟹团队互拖后腿，更不可能取得什么良好的成绩。在企业中，如果团队没有经过规划和提升，大概会导致这两种情况。要成为高绩效的“飞雁团队”，就必须要经历一些提升，在不断的转变中实现团队成长。

在飞雁团队中，大家都是英雄，也可以说没有英雄。领头雁在飞行时是最累的。领头雁感觉力量不足时，会自动退居二线。然后由后面的大雁接替，在不断的循环往复中，所有的大雁都有机会当领头雁，在整个飞行中每位成员都有机会参与，整个队伍也会更有活力。

可见，对于领导者而言，要努力创造机会，使大家平等参与，充分发挥每个人的才能。要想使得团队高速运转，就需要每个人都坚守在自己的岗位上，提高自身素质，努力奋进，积极投入工作。

第五章　领导力的培养提升

缺乏具有较强领导力的领导者是21世纪企业界遇到的最大挑战。每个企业要实现目标都需要这种有领导力的领导者的带动。领导者最重要的特质就是领导力，发挥领导力是领导者对企业的最大作用。领导是企业成败的决定性的因素，他的作用非常关键。领导者需要规划和实施战略规划的制订和选择、组织变革的推进、企业远景目标和内外环境的分析和判断等问题。本章节主要从四个方面分析领导力的培养提升，分别是组织能力、服务能力、思维能力、个人信仰。

第一节　组织能力

一、领导者的组织能力品质

（一）信息沟通的控制能力

心理学对有关领导者产生的研究表明，能处于信息沟通中心地位，是领导者产生的一个重要条件。首先，作为一个领导者要能做到大量的接收和发出信息。心理学的群体实验表明，交流信息最活跃的人，大多是群体的领导者。作为组织领导者，必须能在交流信息量方面，有积极主动的行为能力，包括言语能力、文字能力和收集意见的能力。其次，要保证领导者发出的信息内容有一定质量，若讲起话来，虽滔滔不绝，却言之无物，空话连篇，也不能为组织成员所接受。最后，领导者要能够控制组织内的信息沟通。信息在组织内的沟通流向，一般可以分为两种，一种是任务信息沟通流向，控制这一沟通流向，将成为工作型领导者；

另一种是情感信息沟通流向，控制这一沟通流向，将成为情感型的领导者。领导者必须有能力协调、控制组织信息沟通，使自己处在信息交流的中心地位。

（二）组织才能

所谓组织才能是指领导者在组织管理工作中，在维系、发展组织，熟悉、感染和影响组织成员方面的能力。首先，作为领导者在组织才能方面有心理上的灵敏性。比如说，能很快记住组织成员的姓名、行为特征，从而在与他们的最初交往中，就能掌握其基本情况；能够在与组织成员的交往中，迅速理解他们的心理状态，掌握他们的内在需求和行为动机；同时，也要能够对组织成员的行为及时做出归因分析。其次，要有用人方面的能力，比如，能够在分配工作任务时，信任组织成员的才能，注意开发他的潜在能力，注意保护他们的工作积极性，能够根据组织成员的各自人格特征来分配工作任务。同时，在分配任务时，也要能够根据任务的各种条件和人们相互间的关系，来协调组织成员之间的心理状态，搞好他们之间的人际关系。最后，要掌握适当的心理分寸。作为领导者，不能总是板起面孔来对待自己的下级，而要能够在交往中，找到适当的谈话口气和交流思想感情的方式。对待他人要采取纯朴自然的态度，不能对上级、对下级有截然不同的态度，因为这会引起组织成员的反感，影响领导者的组织工作效率。

二、领导者组织能力的重要性

只有人才能完成企业的目标，领导者组建团队，分配资源，设计组织，协调、引导和激励组织的成员去完成任务，而不是自己去完成所有的目标和任务。所以领导的重要职责是怎样用人、怎样搭建组织架构。

精神内容产品是文化企业生产的产品，在生产加工精神内容产品的过程中，各类不同专业的技术人员和文化创意人员都参与其中，比如在拍摄制作一部电影时，涉及很多方面的人员，专业的艺术人才是导演和演员，管理人才是监制，技术人才是舞台灯光、后期编辑等，复合型人才是动画合成和多媒体制作等。所以，文化企业的员工一般是专业管理人才、文化专业人才和技术人才。为了实现目标，文化企业需要大量的人才，无论是专业或跨专业人才，都要在相互协作基础上共同完成产品的生产。领导需要对企业的基本架构进行建立，对不同的活动进行组织，并加以分类和联系，通过建立各项职能、流程和制度，规范各项组织活动化，同时明确相应的组织职能活动的负责人，对组织架构中的人员配备进行考虑。这就对企业的领导者在管理团队建设和组织设计方面的能力提出了很高的要求。

此时，文化企业领导者的重要任务就是根据企业的目标进行组织的设计，确定组织的基本架构。在此基础上进一步组建企业的管理团队，也就是干部队伍的建设问题。虽然，一个文化企业的领导很难成为一个文化、技术、管理各方面都十分精通的全才，但是他必须能够通过将不同专长的人优化组合，形成一个领导团队，来为自己分担任务。他可以在领导团队中任用技术总监、投资总监、营销总监、专业的文化人才和项目经理等，来弥补自己的不足，完成领导职能的分配。这就是在一个组织中分权的过程。

“两知”是一个领导必须要有的：知人善用和自知之明。这样才能对组织中分权和集权的关系进行正确地处理，对团队中职能的分工和协调进行妥善处理。成功的领袖往往会有一个团结的集体，并且这个领导集体是团结在他周围的，而失败的领袖身边的团队永远是充满矛盾的。企业运营也是如此，文化企业的跨领域性和跨专业，要求文化企业的高层管理更重视团队的组建。领导团队建立的过程，也是一个领导对下属培养和训练，使其成为一个合格的管理者或者领导者的过程。在文化企业中，开发文化项目和生产文化产品，通常是相互合作与分工完成的，不同专长的人才各司其职，当一个团队的成员都能够各尽其能、独当一面时，企业也就能够得到良好地运转。

三、提高组织能力的有效途径

提高企业领导者的组织指挥能力，绝非一朝一夕的事情，需要有一个过程。就像播种和收获一样。虽说客观的环境和条件，也是提高企业领导干部组织指挥能力的因素，但主要应从主观上加倍努力，能缩短由不成熟到成熟的距离，尽早地挑起管理企业的重担。提高组织指挥能力，应主要从以下几个方面入手。

（一）加强自身理论学习

要想提高组织指挥能力，就要加强理论学习，不断丰富自己的“知识”。知识的内涵是全面、综合、立体的，文化知识、政治理论和方针政策知识、专业技术知识经营管理理论和实务知识，等等。通过理论学习，就可以使感性认识向理性认识飞跃，将实践和理论紧密地结合在一起。学习是没有止境的，特别是在科学技术的发展日新月异并广泛运用于企业经营管理过程的时代，领导者要得心应手地进行指挥，更要不断地学习。

（二）虚心向有实践经验的老同志请教

特别是企业青年领导者，由于阅历浅，经验不足，更需要学习老同志的经验。经验是工作实践中成功的体会与失败的结果，没有教训，就没有经验。学习老同志的经验，可以少走些弯路。当然，这种学习绝不是照搬照抄，而是在学习、借鉴的同时有所提高有所创新。学习主要是学习实质的东西，不能单独地追求学习表面的东西，如果一味在那里研究老同志如何讲话，如何走路等本人性格特性，就大错特错。

（三）不断提高自身素质和修养

企业领导者进行有效的组织指挥的关键就是较高的政治、业务素质和修养。所以企业领导者要不断对自身素质和修养进行提高，尤其是青年领导者。企业领导者素养主要包括业务知识素养、政治思想素养、心理及身体素养。

（四）在实践中不断地摸索提高

勇于探索是企业领导者提高组织指挥能力的重要方法，在探索中积累起自己的经验。首先要意识到组织和指挥的对象是变化的，要因事制宜，因人制宜，不要犯教条主义和经验主义的错误，不同的事情要采取不同的处理方法。比如，在长时间担任一些文化水平低的职工的领导时，必须要采取合适的方法，使他们对处理问题的方法进行接受。后来到科研单位工作，就必须要改变方法，因为此时打交道的对象是知识分子，对象不同，采取的方法自然也不会相同。领导者必须不断地认真地摸索适合组织指挥对象的方式方法，提高组织指挥能力，发挥企业领导者的组织指挥能力，在企业的各项管理活动中产生巨大的作用。

（五）要竭力避免自惭形秽的倾向

企业领导者特别是青年领导和新提拔的领导者，在行使组织职权的过程中，一方面要有谦虚谨慎、勇于自省的良好作风，另一方面则要有必胜的信心和勇气，竭力避免自惭形秽、缩手缩脚的倾向，培养良好的心理坚强的意志，尽快地适应组织指挥的需要。一些从技术岗位提拔起来的领导干部，还需尽量克服和减少“书生气”，将科学的态度和旺盛的斗志结合起来，走知识分子和工农相结合的道路，这样，才能加速成长和成熟。

第二节　服务能力

企业领导者要实行有效的统率与指挥，就需要摆正在其下属和职工群众的群体活动中所处的位置。也就是企业领导者在其所属职工群众这个群体活动中究竟扮演的是一个什么角色，起什么作用。是运用手中握有的权力发号施令，当官做老爷，还是履行所负的责任做人民的公仆、职工群众的服务员。

一、企业领导服务的主要类型

“领导就是服务”包含着比较广泛的内容。既有发展物质生产方面的，又有改善精神生活方面的，还有进行政治工作方面的。有一些还属于政策方面的，例如在企业里，领导者针对生产经营和行政管理上的重大问题所采取的一系列政策，其内容也都是比较具体的。领导者的服务，无论其内容有多少，涉及的范围有多大，总的内容不外乎以下三个方面。

（一）规定性的服务

规定性的服务是正常情况下企业的服务，是上级要求做的，如上级规定企业应在一个时期内为职工办几件好事，这就要对自己的人力、物力、财力进行考虑。要注意抓好这样的服务，企业有制度，上级有要求，党和国家有规定。企业领导者要采取措施，搞好这方面的服务。又如在企业的行政管理和生产经营工作中，需要对许多事情进行沟通和协调，领导者要组织起来，为各个部门和所属职工排忧解难，企业领导者要按照规定抓好这些规定性服务。这样反应明显、表现突出的服务，是比较能为群众所知的。例如给职工办几件好事，解决几个大问题，这都有利于调动下属和职工群众的积极性。在企业里的一些重大事件上这方面的服务一般会得到反映。

（二）突发性的服务

突发性的服务属于临时发生的事件，需要领导者出面组织、协调和解决的。也有称其为灾害性的服务。例如企业里突然遭到台风袭击、地震，或者发生因为客观原因而主观意想不到的事件，需要领导者出面发动群众解决这些问题，这些服务都属于突发性的服务。这种服务虽不是经常发生的，但却需要领导者经常搞好这方面的服务。比如经常分析形势、搞好预防，或者在问题发生后做积极地处理，这种突发性的服务，对领导者的事业心、责任感和工作能力都是考验，问题解决得好，就是服务得好。

（三）指导性的服务

在企业里有着大量的指导性服务，领导随时随地都在进行这项服务。指导性的服务包括组织下属和职工群众对全国各地的政治的、经济的信息进行了解，对党和国家的方针、政策进行学习，科学的分析和预测各项工作，指明所属职工的工作方向。这种服务，不能“马后炮”，要走在前头，要“马前炮”。比如开发产品，要指导下属一步一步地进行，干着一个、试验一个、想着一个，要有预测。即使企业对下实行租赁或是经营承包，这种服务也不能放松，而要加强。

上述三个方面的服务有着紧密的联系，他们不是孤立进行的。而是互相影响和作用的。搞好一个方面的服务，另一方面的服务也会得到促进。比如搞好突发性的服务，就要联系指导性服务，突发性的服务搞好了，通过思考，举一反三，指导性的服务工作则更能顺利进行。

“领导就是服务”并不是说领导要亲自解决所有的事情，领导者的职责范围是有限的。对此，应该进行一个全面的、正确的理解。

二、新时期对企业领导服务的新要求

“领导就是服务”，是对领导者众多职能的高度概括。它是时代对领导者提出的要求，领导者服务的具体内容也要随着时代的变化而变化。

当前，我国正在进行经济体制改革和向四个现代化的宏伟目标前进。企业是社会的一个“细胞”，是整个国家机器的组成部分。企业的工作做好了，就可以保证函家目标的实现。现在是一个新的历史时期，我们面临的情况非常复杂，任务十分艰巨，比起任何一个时候，都要艰难，时代对企业领导者提出了更高的要求。现阶段，企业领导者所要进行服务的内容，要更新、更高、更有指导性、更有创造性。例如，我们所面临的改革形势，就要求领导者不能走老路，而要闯新路。要不断地进行探索，勤于学习，善于总结，大胆实践。对下属，要加强这方面的指导和服务，引导下属在新的竞争形势下取胜。又如在当前兴起的新技术革命中，新产品、新技术、新工艺层出不穷，对外开放、对内搞活，加强了横向之间的联系，引进外资、中外合资，这些对企业来说都是一种挑战。在这种情况下，对领导职能的要求，就需要有极大的应变性。领导者的服务，不具备这一条，就难以适应。应当看到，现代领导不同于小生产时代。它不是一项单一的狭隘的工作，而是一种综合性的社会实践。领导者不善于组织、指导、协调、综合和服务，就无法从事其领导工作，就要被时代所淘汰。在这个新的历史时期，领导者所要服务的内容，就是要更具有规定性、突发性和指导性。这些新的“三性”的要求，也更加显示出服务内容的创新性。领导者看问题、想问题和处理问题，微观上要像显微镜明察秋毫，宏观上要像望远镜视通万里。这样才能与时代相适应。领导者的这种本领越大，服务才会搞得越好。

在新的历史时期，领导者的服务内容，应当做到如下几点。

（一）要把服务的思想岗位化

领导者的领导岗位不同，服务内容也就不同，不考虑领导岗位而侈谈服务是不现实的。例如企业最高层次的服务是企业的厂长。需要经常抓好的几个环节是：确定方向，制订计划，组织力量，健全机构，调节关系，指挥行动，控制系统，跟踪变化。在这些服务的内容中，企业领导者对确定方向有着不可推卸的职责。

只有有了对的方向，其他服务才好办。方向不对，就难以执行其他服务，或者执行了也无法达到一个很好的效果。

在商品经济不断发展，市场竞争越来越激烈的形势下，美国有一个企业，不断对自己服务的内容进行调整。开始，他们要求所有职工都要为企业增加盈利做贡献，因为他们企业的一条重要原则就是增加盈利，做了贡献职工才会得到奖励。后来，他们认为现实的服务思想的要求与这种指导思想并不相适应，就又提出了新的原则，就是以用户满意为原则，规定奖赏每一个为用户做了满意的事情的职工。因为这个原则大家都争着做使用户满意的事，不仅使产品销路更广，在社会上有了更高的信誉，盈利也增加了；还使职工更愿意为用户服务，提高了企业的经营管理水平和人员的经营素质。像美国资本主义企业的这种做法，在我们社会主义国家里是非常常见的。资本家强调盈利才是服务的最终目的，而我国企业的社会主义性质决定了我们办企业的宗旨就是为人民服务。企业领导者更要实行这种经营原则。美国这家企业服务观念不断变化，企业的服务方向和企业领导者的指导思想也会表现出来。由此也可以证明，服务思想岗位化的实现，使企业领导者对“领导就是服务”的理解更加深刻，领导者有了更明确、更具体的服务内容。

（二）要把服务的思想行动化

服务不只是一种观念，不是只在口头上说说而已。企业领导者要把服务融入自己的行动中，要使自己的一举一动都符合服务的宗旨，以这个要求来确定领导者服务的内容。如有的企业领导者，常以营业员做比喻，认为“营业员是为顾客服务的，我就是为营业员服务的”，坚持经常为职工服务，激发职工的工作热情，做好工作。实践证明，要把服务的思想行动化，企业领导者应坚持少说多做的原则，以实际行动影响职工。这样，不仅可以使企业的各项工作做得更出色，而且也会使职工的素质得到提高，使职工也能明确服务的内容和知道怎样做好服务工作。领导者的这种服务思想行动化，会激发职工的服务行动，使企业的各项工作越做越好。

（三）要把服务的思想整体化

就是不要把领导者的服务局限在狭隘的范畴里。在企业内部，要为职工服务；

在企业外部，要为用户、顾客服务，为社会服务。这样，就使服务具有更广阔的内容，并将取得更大的效果。

三、企业领导服务能力提升的途径

培养领导者的服务能力，既是上级领导机关的任务，也是领导者自我修养的目标。为搞好服务，作为领导者，要自觉地做好以下几项工作。

（一）把搞好服务作为领导者的基本职责

把搞好服务作为领导者的基本职责，列入目标考核。应该制定领导者服务的内容和所要达到的标准，确立行为规范，严格要求，付诸实行。具体做法是：

1. 健全岗位责任制，明确领导者的责任

健全岗位责任制，明确领导者的责任，就是主要将服务搞好。领导者的服务项目要明确，最好能够一项一项列出来，对最终要达到的目标进行确定。建立制度，固定领导者的服务内容。

2. 建立监督检查制度，检查领导者服务情况

建立监督检查制度，检查领导者服务情况，可以让领导进行检查，比如对任期目标制订责任制，对领导者的服务情况进行检查。也可以通过群众检查的办法，如让群众评议干部，对领导者服务的情况进行检查，或者在职工代表大会上将检查领导者服务情况作为的一项议程，领导者进行汇报，群众进行评议。

3. 将领导服务与企业生产经营相融合

企业生产经营活动之中贯穿领导者的服务，使之与各项工作紧密结合。搞好服务，使各项工作进行发展，促进各项任务的完成。同时，使领导者服务的水平不断提高，两相结合，让领导者的服务活动成为一种自然活动。

（二）坚持理论联系实际，加强对领导者服务能力的培养

需要采取的办法是：

1. 搞好理论学习，提高思想认识

着重学习“领导就是服务”的思想，理解其精神实质，提高做好服务工作的自觉性。同时学习有关“领导就是服务”的专论文章，从不同侧面了解“领导就

是服务”的内容、作用、方法，掌握搞好服务的理论知识，为搞好实际服务工作打下思想基础。

2. 坚持实践，不断总结提高

借鉴国内外成功者的经验，在实践中提高服务能力。这是培养领导者服务能力的重要方法，也是最基本的途径。企业领导者必须坚持这种方式，在实践中提高。

3. 改革领导方法，创新领导服务方式

搞好服务，既是我国的传统，也是一项创新。随着客观形势的变化，领导者的服务内容、服务方法也在变化。这个变化符合我国正在进行的改革和四化建设的要求，是企业领导者需要努力做好的一项工作。其中有继承和发扬传统问题，也有创新问题。这也是一种学习，一种实践，一种提高。对于领导者来说，也是十分重要的。

（三）优化领导者搞好服务的环境

创造领导者搞好服务的环境，使领导者在良好的环境中增长服务才干。这一点，对领导者服务能力的培养和提高也是不可缺少的。从某种意义讲，是一个重要因素。怎么来促成一个良好环境呢？

1. 营造良好的社会气氛，使领导者服务工作得到社会认可

就是要使领导者感到，做好服务工作是受人尊敬、深得人心的，做好服务工作是一件光荣的事情，也是领导者神圣的职责。明确为别人服务，并不是一件不光彩的事情。任何服务都不是单方面的，领导者为别人服务，同时也接受别人对自己的服务。被领导者也不能看低服务者，而应在接受领导者的服务中做好自己的服务工作。有了这样一种气氛、领导者的服务才会更有效。

2. 要不断开拓领导者服务的领域

服务，是无终止的。领导者的服务面要不断拓宽，同时也要注意深度问题。只有在服务过程中，领导者的服务能力和服务质量才能不断提高。领导者一定要适应这个过程，它也是属于客观的服务环境问题。处理得好，对搞好领导者的服务也是十分有利的。

3. 要培养组织群体的服务能力

领导者服务绝对不仅仅是领导者一个人的工作，更是整个领导者集体的工作。作为一个企业的领导者，应该充分认识到这一点，并充分发挥领导核心的作用，从而形成一种协同效应，使领导者服务能力得以提高。这同时也营造出了一种协同的环境，在这样的环境下，领导者服务将会更加出色。

（四）廉洁奉公与高尚情操

廉洁奉公和高尚情操的道德品质，对领导者的服务是否有效起着关键作用。有这个道德品质条件，就能提高服务效能，反之则会有所减弱，甚至会降低领导者的服务品质，损害领导者形象，让领导工作陷入被动处境之中。成功的企业领导者的经验表明，经营一个公司，必须要做到廉洁。只有做到廉洁奉公，领导者服务才会有威力，才能更大程度地发挥效力，才能产生良好的成效。廉洁奉公的具体表现是：

1. 要以身作则，不谋私利

经营生意，虽然地位很高，却不能滥用职权。工作不讲究排场，生活也不讲究什么特别。为人处世，要以身作则。尤其是在企业面临困境的时候，能够带头努力，用自己的实际行动去影响员工，战胜困难，扭转不利事态。众多优秀的企业领导者都是用这种方法来获得大众的。他们能够处理好国家、企业和职工之间的利益，也能够处理好自己的利益，从而使一切事情都井井有条。工人们见领导如此精明能干了，自然也就会跟着一起努力。这种以身作则、不谋私利的作风，在领导者做好服务工作中起到了很大的作用。

2. 要刚直不阿，不徇私情

主要是指在处理公司里的人和事时，能够坚守自己的原则，不会因为个人的关系，也不会因为朋友的原因，而做出违背国家和人民利益的事情。就像是在谈买卖、做生意的时候，交易和友谊互不影响。不会为友情而违背原则，进而损害国家、企业和职工的利益。这是一种不偏不倚的正直精神。在实际的情况下，有些公司的领导正是因为无法分清友谊与交易之间的关系，从而管理不善。在用人方面，他们没有唯才是举，而是存在着任人唯亲的倾向。至于花钱，那就是花钱请人送礼，交朋友，只想维持私人关系，而忽略了公司的利益。这种经营方式，服务更是无从谈起。领导如此，下面的人也跟着效仿，一旦形成一股风气，那后果就会更加严重。只有领导干部正直，不偏不倚，在下级干部中才不会以权谋私、损公肥私。这也是领导者做好服务的关键所在。

3. 要厚人薄己，助人为乐

领导者服务就是要有宽厚的胸怀，薄于自身而厚待他人。换而言之，就是承担困难，让人方便，对自己严格，对他人宽容。不能事事都要算计别人，总是想着占别人的便宜，而是要以帮助、支持他人为己任。这并不是说公司和个人的利益都不重要，而是说公司和个人的利益都要建立在别人或者整个社会的利益之上。在商品经济激烈的竞争中，我们也要讲这样的精神。只有如此，才能使领导的工作得到认可，并获得良好的收益。相反，如果亏待他人而厚待自己，则会削弱领袖的声望和凝聚力。在商品经济竞争越激烈的条件下，就越不能这么做，因为那样做只会给他们带来麻烦。

4. 要遵守纪律，依法从事

管理企业要有规章制度，领导者要有行为规范。好的服务，就是要遵纪守法、严守纪律、按法律办事。特别要注意党的纪律和法规。应当是在让其他人来做某一件事之前，领导者要先一步做到。领导干部要遵守一切所规定的不能违背的事。这是至关重要的服务观念，也是一种有效的服务方式。做不到这一点，清廉奉公便无从谈起。

（五）待人以诚与以心相许

企业领导者的服务，要实实在在。要培养起一种认真负责、兢兢业业、扎扎实实、讲究实效的工作作风。领导者以诚相待，被领导者就会以心相许，以身相随。而要达到这一点，领导者就需要做到以下几点。

1. 不能不懂装懂

不懂装懂，是领导之大忌。情况不明，即使决心再大，也不能把事情办好。领导者要对下属进行指导，搞好服务，不能以其昏昏，使人昭昭。自己还不明白，怎么能使别人明白！指导和服务，根本谈不上。有效的领导者，不懂就承认不懂，虚心向别人包括下属学习。这样，才能实事求是、实实在在地去处理问题。有的人不懂装懂，企图以此保证领导者的尊严，实际上是根本保不住的。不懂装懂，只能失去尊严。

2. 不能搞花架子

领导者做工作，不能图形式，搞花架子，走过场。搞花架子，是绝不会实实在在地搞好服务的。例如有的领导者做工作好大喜功，办一件事情，还没理出头绪，就着急造舆论，大喊大叫，大肆宣扬，有的领导者愿意摆样子，只要表面好看，不管实际效果如何；有的领导者乐于玩弄文字，整天忙于看材料、写材料，实际问题成堆，却不去解决；有的领导者做工作就是为了给上级看的，处处投领导之所好，置实际情况于不顾。所有这些，都反映了工作不实，缺乏办实事、讲实效的作风。领导者的服务，绝不能持这种态度。

3. 不能言行不一

说和做，不能两码事，更不能只唱高调，不干实事。领导者的服务，就要说到做到，不放空炮。说到做不到，一次可以，两次、三次、长此下去，只能削弱领导者在群众中的影响。领导者办事，不能许愿、哄骗。如果那样做，对领导者的威信将产生极坏的影响。发展下去，说话将没人信、没人听了。这种领导方法和领导作风是必须纠正的。

4. 切勿事必躬亲

领导者的服务，强调要办实事、讲实效，并不是主张干什么事都要领导者亲自出马。只要领导者思想上明确，工作上有安排、有部署，经常过问、检查就可以了。目标确定后，具体事情由各方去办。这样做，事情就一定能办好、办成。事实上，领导者什么事都要亲自去做、去管，是不可能的，也是做不好、管不了的。因此，要放手、放权，把事情交给下边去办。企业领导者要搞好服务，必须注意一个“诚”字，对人以诚相待，人们才能以心相许。没有这一条，服务不会成功，干什么事业也必然难成。

第三节　思维能力

一、企业领导者的科学思维

在真正的日常生活之中，人人都在认识自身所处的世界，其中有些人的认识是对的，但有些人却有着偏移甚至错误的认识。有关于对世界的正确认识方面，思维能力的高低至关重要。而领导者的位置和角色，决定了他是否具备科学思考的能力，这不仅关系到他的人生选择，也关系到公司的成功与失败。所以，领导者的科学思维能力，既是一个重大的理论问题，也是一个很有实际意义的问题。

事实表明，人的科学思维能力并非与生俱来，而是经过后天长期的实践和培养才逐渐形成的。通过对思维现象的分析研究，归纳总结出创造性规律，可以得知领导者要具备科学思维能力的以下几方面。

（一）用唯物辩证法为思维活动引路导航

唯物辩证法是马克思的世界观的灵魂，是观察一切现象、处理一切问题的最好的劳动工具，同时也是最锋利的武器。它要求人们在进行思维时，要根据客观现实，以客观事物的一般规律和发展变化的总体特点作为出发点进行思考，而不能用主观、片面、表面的思维活动来理解和解决问题。用辩证唯物主义的思维去看待事物，可以节省很多事情，同时也会让犯错误的次数大大降低。唯有在哲学上下了很大的功夫，每天都有所收获和进步，才能不盲目地追随别人，看待世间万物都能有自己的想法。马列主义哲学思想是认识问题、解决问题的科学基础，如果没有这种方法的正确引导，思想活动必然会出现偏误。

（二）用丰厚的知识积累作为科学思维的材料

知识是人类对世界的认知、对世界进行改造的经验总结，是人类为自由而斗争的工具，在丰富的知识累积中得以形成和发展的便是领导者的科学思考能力。我国历代杰出的人物没有一个不是学识渊博、阅历丰富的人。在丰厚的知识积累下，他们在分析问题的时候便能够独辟蹊径，做出与现实相符的判断。实践证明，科学思维需要大量的信息储备和知识的累积作为基础，空洞的思想很难产生出科学的思考结果；唯有博学多识，有深厚的情感知识作为基石，才能形成思维活动，才能有新奇的洞察和想法。

（三）用良好的非智力因素激起思维的火花

对创新的渴望、对未知事物探索的浓厚兴趣、对困难的坚韧不拔的毅力、强烈的社会责任感，这些虽然都不是智力因素，却是进行科学思维的必要保障。新的改革、新的形势、复杂且微妙的社会环境和人际关系，都需要我们具有优良的心态，时刻保持一种最优的正面情绪。若我们有怯懦、缺乏自信、懒惰、固执、盲目追随、情感失控等心理弱点，则会极大地消耗我们的精神力量，从而影响到我们的思考能力和创造力；而那些因为与人争风吃醋而增加了心理负担，或者总是被工作和生活的阴影所困扰的人，他们也很少能激发出自己的想法，并且很难做出敏捷的思考。负面的情绪也会对判断的准确性产生很大的影响。所以，领导者要善于对待顺境与逆境，要自觉地忘记荣辱得失，要学会控制和调整自己的心情，时刻保持头脑的清醒和头脑的纯洁，运用好的非智力因素来使得思维和智慧更加鲜活地跳动。

（四）用勤于观察和思考的习惯培养思维的活力

我们所面临的社会是错综复杂、充满着无数未知事物的，这些都需要我们去发现和探究，我们只要时常在头脑中思考，就会不时有所领悟、有所发现，从而不断地增强和提升自己的科学思维能力。要时刻注意观察、保持发现，多动大脑，这是保持思想活力的关键点，也是发展科学思维不可或缺的前进之路。除此之外，通过对现实的观察，可以使人们不会以主观的欲望和想象来取代客观的事实，从而使自己的思维与客观的世界结合在一起，并处于相符状态。

（五）用科学的思维方法推动科学思维能力的全面发展

思维方式是人类认知未知事物的一种手段，而科学的思维方式可以使我们对问题进行科学的思考和理解。所以，要把比较、归纳、演绎、分析、综合、历史、逻辑学等多种方法应用于思维活动，构建合理的思维架构，培育思维的基本素质，并在实践中不断拓展对真理的探索之路。

在企业发展中存在着许多亟待解决的问题。面对未来的种种困难，实现企业的全面发展，领导者们的肩膀上背负着这些重要的使命，企业的领袖们必须牢记马克思的一句话：思考所有的事情，用自己的实际行动来写出正确的答案。

二、企业领导者的战略思维

（一）战略思维的内涵及特点

何谓战略思维？毛泽东关于战略问题最经典论述的著作是《中国革命战争的战略问题》，这是我们党军事战略系统的奠基之作，也是政治战略学的奠基之作，是中国共产党对马克思主义战略学说的重要贡献。毛泽东在这篇文章中指出："研究带全局性的战争指导规律，是战略学的任务。"因此，所谓战略思维，就是全局性思维，是指导规律的思维，是高瞻远瞩的思维。战略思维至少有三大特征或"三个着眼于"。

一是全局，就是从整体上看问题、解决问题。提高战略思考的能力，即增强统筹兼顾的能力。当一个领袖没有整体和大局，只能看到眼前的局部时，他便绝对无法成为一个商业战略家。

二是要有远见，就是从长期来看问题、解决问题。一个有策略意识的领导者，其能力不在于他总是观察他人所做的事情，而在于他能够洞察他人尚未完成的事情。在对方还未做出某一件事情之前便对此有所预料和认知，便是有远见。

三是有规律，就是观察事物内在，思考其必然的联系。卓越的战略思考来自对规则的理解与掌握，而对于规则的理解和掌握，则意味着更强大的战略能力。任何一种策略的抉择与决定，都应该是对规则深入理解的展现。

（二）战略思维是领导干部必备的素质和能力

第一，是因为身份的原因。这就是领导岗位的特殊性，迫切需要领导者具备战略思考能力。一般来说，层次越高的领导者，应具备的战略思维能力就越要强，因为他们更多地涉及具有全局性、长期性的企业战略实践。领导者必须具备策略思考的能力即战略思维，这取决于其所起的作用：一是领导者的使命在于计划而非行动，也就是领导者不能依靠自己的知识、才能直接为组织服务，而要从自身知识和才能出发，通过领导权力来领导组织；二是领导的任务在于完成工作而非执行工作，作为设计者和指挥者，划桨并非他的任务，他要做的是掌舵；三是领导者的能力与成绩，取决于其领导组织的整体表现，而非其个人知识、技术。领导工作的优与劣主要不是靠时间而是靠效率。“在其位，谋其政”，领导者所处的地位就是必须谋战略、谋大事、谋全局。

第二，是现状所迫。即令人担忧的现状迫切要求领导者树立战略思维。“重战术，轻战略；重微观、轻宏观；重局部、轻全局；重应酬、轻思考”这种现象在领导干部中较为突出，致使各种形式主义、急功近利、短视和地方保护主义现象层出不穷。这会让人的视野变窄，思维变得狭窄，缺乏包容，失去开明，无法兼容。因此，领导人应该有更多的战略思维。

（三）战略思维的核心是善于把握大局

战略思维的核心是善于把握大局。古人讲，不谋全局不足以谋一域，不谋长远不足以谋一时。目无全局的将军，即使争得一城一池，最终难免全军覆没；目无全局的棋手，纵然围得一子一目，最终难免满盘皆输；目无全局的领导，即使每天两眼一睁，忙到熄灯，也难有大的作为。照顾全局，要求我们做到：

一是要突出关键，把中心工作放在首位。从某种程度上讲，重视关键点就是顾全大局，而忽略了关键，那就是丢了大局。在象棋中，只要下错一步棋，就极可能落得一个满盘皆输的下场，这是因为这一步非同小可，关系到整个棋局。领袖应该集中精力去做对他所领导的整个大局最有影响的行动。抓重点，就是要抓住关键问题，抓住关键问题，就可以抓住主要矛盾，这样就能使得整体工作迅速开动，从而提高整体工作的质量。

二是要抓住大事，把重点放在重要关系上。要想形成战略思维，就必须抓大事，不断研究重大关系并将其牢牢抓在手中。企业领导者必须学会善于处理一系列重大矛盾或关系。

（四）树立战略观念

企业领导者是一个系统的指挥者，主要职责在于照顾好该系统的全局，发挥该系统的应有功能，完成该系统所担负的任务。这就要求企业领导者必须把战略指导作为首要职责。过去在经济建设中，有些领导往往重视战术研究，轻视战略研究，以为战略研究的成果是“大而无当”“不切实际”，而只有从事一项项具体工作，才算是“务实”。由于在指导思想上重战术、轻战略，缺乏战略观念，在实际工作中，不少领导者往往对眼前事情看得多，对眼前利益想得多，而对长远的事情看得少；对各项工作，特别是本身分管的部门的问题考虑得多，而对涉及全局综合效益的问题考虑得少，甚至天天忙于处理日常事务，陷入“文山会海”不能脱身，无暇思考开创新局面的问题。如果说在小生产条件下，在封闭的环境中，凭经验、直觉来决策行动，还不致造成什么大的危险的话，在当今瞬息万变的竞争环境中，企业如果没有适当的战略目标、长远打算，只顾眼前的一时成就，那就不可能有长期的兴旺发达，甚至连生存都会遇到困难。没有战略的企业是没有前途的。战略头脑是企业领导者必备的重要素质。

日本知名企业家士光敏夫认为，今天正处于一个变革时期，与以往相比，如今的改变有三个显著的特征：一是变动的断裂性，世界总是在发生改变，但是现在的改变比以前有了很大的改变，甚至可以说是质的飞跃，所以不能只凭以前的知识和经历来看待和认识事物；二是变动的延续性，一种变动在这一方面还没有结束，就会影响到另一方面，并且出乎意料地和其他的领域有联系，因此，人们不能把自己限制在自身专业范围之内；三是变化的加速性，如果拿算术来形容以前的改变速度，那么如今的变化速度就可以说是几何级了，所以一定要把握好时间，做到先知先觉。

在如此的形势下，企业的领导者要具备清晰的战略思维，我国企业的经营管理方式，正在由单线生产型向经营开拓型转变，企业的生存与发展，已经开始进入了战略制胜的新阶段。企业领导必须在经营管理指导思想上，来个根本性的转变，树立起正确的经营战略思想。

对一个企业领导来说，企业战略问题的关键不在如何去编制一个漂亮的战略规划（虽然规划也是需要的），而在于如何进行战略思考。也就是如何“出点子”。如，某企业推出了一项消费者欢迎但过去却没有别的企业生产过的产品或服务项目，获得成功，取得很大经济效益。此时又有众多的企业一哄而上，也来生产同一产品。结果，市场很快饱和，产品积压卖不出去，跟着上的企业蒙受重大损失，此时，首先推出该项产品的企业却又推出了新的或改进了的、更受欢迎的产品。于是，又开始了第二轮的循环。这里，效益好与不好，首先就在于前者提出了自己的好点子并加以实施，后者没有自己的点子，只能被动地跟在别人后面。显然，有活力的企业必然是能够不断提出新点子，成功地进行战略思考的企业。

为了能够有效地进行战略思考，以下几点是值得注意的：

第一，价值观导向。价值观是企业经营的根本理念，也是所有决策和行为的最高标准，企业的经营活动从生产方式到生产经营方式，再到企业文化，人们在这个过程中总结出了成功的企业管理要素，人们发现，价值观在整个经营活动中起着举足轻重的作用，远远超过技术、资源、组织等因素。经营状况不佳的公司，常常缺少一个清晰的价值观导向，目标易变，策略思维常常陷入混乱，这对公司的发展极其不利。

第二，转变商业理念。以往的经营理念是，在环境不断改变的情况下，遵循模仿而生存的人要落后于适应环境和潮流的人。如今，人们对公司的认知更进一步，不但要适应环境与趋势，以求生存，更要创造环境与趋势，以发展为基础，成为新时代潮流的领军人物。这是将策略思维和战术思考区分开来的一个重要因素。

第三，着眼于未来。目前，有不少外国公司已在研究 21 世纪的产品和市场了。前几年，日本产品还未进入中国市场时，有些日本公司已在我国的电视上大做广告。一两年后，家用电器开始在中国普及，此时，这些日本公司的产品就自然成了许多中国家庭的首选商品了。

第四，充分运用创新思维，因为战略思维是对未来的一种动态预测，所以不确定性因素较多，风险较大，必须同时兼顾规则的变动和随机的干扰，没有可“复制粘贴”的策略问题，做得更多的是创新。这就决定了在战略思维中要充分运用创造性的思维，以求取胜。

第五，争得信息竞争的主动权。现代信息化时代的战略性资源对企业的经营行为、对企业发展的导向有着举足轻重的作用。信息的时效性决定了信息的获取、分析和传递，使得信息的“先发制人”成为信息竞争能力的集中体现，也是企业战略思维的基石。没有这样的优势，策略就不可能达到先发制人的效果。

第六，战略核心要素的战术化。意大利经济学家巴雷特提出了“关键的少数，次要的多数”的原则，后来被发展成为现代管理的核心管理方法。

战略思考不能眉毛胡子一把抓，必须把握哪些是以有效地改变事物发展进程的“关键的少数”；同时，还要分析解决关键战略要素的原则、途径和方法，使关键战略战术化，只有这样才不至于使企业经营战略成为空中楼阁。

三、企业领导者的现代思维

由大脑细胞的正常生理活动与受外部环境因素作用形成的一种积极的生理活动的总和被称作思维。自然生理活动是思想的本源和本质，是思维的最原始状态。积极生理行为是思维的社会性形态，是思维的实质。而思维的社会状况则更能体现出思维的真正含义。从原始社会到近代，不仅人类的原始思维形态发生了演变和进化，同时积极的社会思维也得到了进步和发展。当代世界，要想让思维主动地反映客观事实，更加精确地理解现代社会的组成与变化，能更好地应对和解决所面对的各种问题，进而推动客观事物的发展，我们必须对传统的思维模式进行认真总结，并结合客观事物的发展和演变的内在规律，以提高人类的现代思维水平。增强人的现代思维，尤其是企业各级领导干部的思维能力，提高他们的领导能力，就需要坚持马克思主义的辩证唯物主义、历史唯物主义的思想指导，按照思维的基本规律，我们要从科学的角度来看待当代社会中出现的新问题，要勇于抛弃陈旧的思维方式，积极地进行现代思维模式的创新，去做到以下几点。

（一）按照发展的观点，积极进行过程思维

从哲学的观点来看，任何事物都有其自身的发展和演变。在这些过程中，有着没有结尾的大过程，也存在有阶段的小过程。所以，任何思维都必须遵循客观事物发展和演变的规律，才能真实地反映出它的本质。任何违反此定律的思维断裂、停止思维、终极思维等都是毫无意义的，甚至是错误的、有害的。在实施过程中，思维是当代思维能力的一个重要指标，在实际操作中应注意掌握三大特征。

一是从宏观上看客观事物的发展历程。这是流程思维的要点。科学了解客观事物的性质与本质，要有一个初步的估算和判断，以确定它的周期和形式。如此

一来我们才能掌握客观事物的发展、演变过程，并在此基础上，通过过程思维的进行，将工作的思想和观点整理出来，使客观事物得以被推向正确的方向和目标。

二是在客观事物的发展历程中，对阶段性过程进行判断思维。客观事物发展的阶段性高潮和低潮，通常情况下会加快或抑制整体发展的进程。要对阶段性的高、低潮进行科学的分析与认识，用正确的思想来引导客观的大、小的发展与改变。客观事物发展的几个阶段过程，可以形成一个逐步向上或平行发展的小过程，也可以是曲折的或向下的发展小过程。这些微小的、多种多样的过程，组合在一起便是客观事物的形式与发展状况。科学地思考这些小过程以及小过程与大过程之间的关系，能够让人在把握客观的事情时，总是能主动地做出正确的抉择。

三是对客观事物的具体过程进行正面的判断思维。在客观事物的发展历程中，不仅存在着一个阶段性的高低潮涨落过程，而且还存在着几个具体的细节状态，这些状态会受到这些过程的细节影响。在对客观事物进行过程和阶段性的过程思考时，更应注意对具体细节的过程进行思考。积极正面地思考具体细节，是对客观事物的阶段性、大过程作出正确判断的依据。所以，对于任何特定的客观事物，尤其是那些有着明确关系和转折特征的，要善于及时地发现和把握，并将其作为一个过程的细节加以把握，从而产生积极思维。要从正面思考这些初露性、苗头性、倾向性、趋势性的过程，从而达到对阶段性小过程和事件大过程的判断思维，即达到窥斑见豹、提纲挈领和以点带面的思维效果。

过程思维，是指根据客观事物的发展规律，对其进行程式性的分析、判断和认识，从而有效地避免思维上的盲目和冒进，有利于现代思维对客观事物有着更加科学的认识，并提高推动客观事物发展的能力。

（二）按照联系的观点，积极进行系统思维

任何一种客观事物都是由多个不同体系构成的。而且，这个系统中的各个方面、环节、因素都互为条件、互为因果、互相影响和作用。因此，在对客观事物进行分析、判断和认知时，必须结合过程思考，根据客观事物的内部构造法则，进行系统的思维，从而有效地克服绝对、孤立、静态的思维缺陷。对客观事物进行系统化思维，必须把握其三大特征：一是要关注体系结构。就是在思考和认识

客观事物时，必须充分地注意到，这个体系是由几个平面构成的立体，是由几个部件构成的整体，是由几种不同的形式和不同的层次构成的总体，从而使我们的思维更加全面和完整。二是要注重逻辑体系。即在对客观事物进行思考的时候，必须充分地掌握系统中各个因素的条件关系、连动关系、因果关系，从而提高思维的真实感和精确度。三是要注重学科体系。即在思考、认识客观事物时，必须充分重视系统结构与逻辑关系中的主次、纲目之分，要善于发现和把握其主要矛盾和矛盾的主要方面，思维的科学性和有效性得以提高。

（三）按照相对的观点，积极进行有别思维

任何客观事物不仅具有过程性和系统化的特征，也具有一种与其他事物相比时才存在的特性。根据其相对特征与客观规律来积极进行有别思维，方能与过程思维、系统思维共同构成较为完备的现代思维。

有别思维是指在不同的时空即不同环境条件中，对客观事物进行不同的过程思维和系统思维。运用有别思维可以将不同要素所组成的不同规模、结构、形态的客观事物加以区分。这种区别性思维更客观、真实和科学，能够对客观事物的本质进行更准确的分析、判断和把握。在人们的生活之中，经常会听到这样的问题：“某某能做到的事情，为什么某某某就不能做到？”这种问题便是建立在良好思维出发点上得到的不科学思维结果。这是因为我们没有真正掌握有别思维，没有进行正确的过程和系统思维，不仅忽略了许多思维因素，思维也进行得过于死板，因此给自己带来了无法解决的问题。以这样的思维方式为基础进行的工作举措，由于缺乏精确性，就会不能完成目标，从而产生新的问题，致使新的矛盾出现，工作也因此进入了被动状态。

四、企业领导者的创新思维

领导创新思维是一种很罕见的、但却不是什么神秘的东西，它是一种更高层次的思维方法，它既要理解事物的发展规律，又要充分利用已知的规律，使人类的各种思维形式的创造性作用得到最大程度的发挥。要做到这一点，就必须从培养领导的创造性思维入手。

（一）保持思维张力

领导工作是一项创造性的工作，它的使命是领导人民创造新的世界，达到新的目标。领导创造思维的表现形式有两种：发散性思维和收敛性思维。前者是从多个视角出发，从不同的方向思考、分析、探索；后者具有开拓性和创造性。发散性思维与创造力有着密切的关系，它是人类创造力的一个重要标志。收敛思维是指将问题所能提供的各种信息汇集在一起，从中找到最佳的解决办法，是当代领导者勇于创新、开辟新天地的一种强大手段。比如，具有创造性思维方式的领导者在遇到复杂的问题时，既不会紧张，也不会匆匆忙忙地做出简单的说明和总结，而是会根据实际情况，迅速地在脑海中建立起大量的联系，并设想出一些解决这个问题的可行办法。然后，他们会对这些方案进行试验和验证，筛选出最好的方案。在这个过程中，我们可以看到"发散性"和"会聚"的思想张力。新时期的领导干部要将发散思维和收敛思维结合起来，要充分利用发散思维的长处，发现新的事物和情况，找到新的方法和道路，同时要善于运用收敛思维，集中一切新事物、新情况、新办法，并按严格的程序加以实施，这样才能真正做到领导工作既扎实，又富有创意。

发散思维和收敛思维是领导思维创新的根本途径。任何一种领导思维的革新，其实都是一种发散和收敛式的对立统一。思维过程中，发散思维与收敛思维是相互联系、相互补充、相互转换的。

（二）把握系统思维

在进行创造性思维的过程中，系统思维是一种非常重要的思维方式。系统思维是一种以物质、结构和功能为基础的系统整体，它无时无刻不在与外界进行物质、能量和信息的交换，所有的系统和过程都有自己的结构和层次，并存在着处于发展中状态的系统"核、链、环"，并在系统中不断地优化、质变、转化、协同，且将认识主体、客体、实践系统有机结合进行思维的方法。系统的整体特征是内部各要素之间的相互关联、系统与要素的关联、系统与环境的关系、系统功能的非加和性等。真实的系统具有不同程度的开放性，与外部环境完全隔绝封闭的系统不是真实存在的，仅仅是一个理论上的描述。领导者必须对自身系统的环境条件进行分析，并对环境的变化趋势、环境变化与自身的环境之间的关系进行深入的研究。这是一个涉及整个系统生存与发展的战略问题。外部环境和它的改变，对于当前系统的生存与发展来说，既是一种危机，也是一种机会。领导干部要对这种形势有清醒的认识，避免不利影响，及时调整，积极把握机会。外部环境和它的改变，对整个体系的影响是多层次的。一个特定的公司所面对的外部环境，可以从空间层面上划分为：国际环境、国家周边环境、国家政策环境、省市环境、县乡镇环境。按时间层面划分，可以划分为历史影响环境、现实环境、未来趋势环境等。在内容相关层面上，有经济、政治、政策、文化、人际关系、法治、安全等方面的内容。不同层次的组合，可以从直接到间接地从外部环境对一个系统产生不同的影响。同时，也要分析其内部条件对各个层面的外部环境的承受能力、反应敏感度和向度、变化弹性等因素，进而得到总体的互动关系，以便做出决策。这是一个具有创造力的领导者能力。

新时代，最迫切的是要用系统的辩证思维，将世界看作一个多维的、紧密联系的、相互作用的系统整体，建立起一种全球性的认识，就能掌握组织的领导和管理的技巧，灵活应对困难与挑战，并充分利用一切有利的条件，迅速发展自身，提高自身的竞争能力。新时代中信息技术、信息产业将是国民经济和社会发展的中流砥柱。如今，因特网上的电子商务诞生于世，即新经济诞生于世。而系统思维与系统科学则是当今科技与资讯科技之核心。在 21 世纪的今天，知识产业蓬勃发展，科学技术迅猛发展。系统辩证法是现代科学技术发展的一种先导性的思维方式，也是一种新型的技术手段。科学文化的综合化、一体化的发展趋势要求科学文化跨学科、综合性发展。随着科学研究的对象日益复杂，人们不再能够用单纯的思维方式去研究，而是要用系统的、辩证的方式来研究和解决问题。当前世界知识经济的发展对我们的思维模式提出了更高的要求。由于知识经济是一种综合性、兼容性的经济，它将信息、智能、技术、经济有机地结合起来，相互协作、相互融合。目前，国际上出现了各种政策咨询、经济信息服务、科技开发、技术情报、文化信息等相互融合和联结的趋势。

为了适应时代的发展，加快现代化进程，我们所构建的国家创新体系，就是系统辩证思维的应用，即从系统和整体的角度来分析我国科技进步与经济增长之间的关系，以及解决其中的现实问题。它包含了在生产体系、社会体系和经济体系中的创新和扩展。国家创新体系的核心是企业、科研机构、高等院校、政府相关部门以及与经济生活紧密联系的一系列网络与系统，具有极高的复杂性和特殊性。这种社会系统是一种以增强创新能力、构建高效创新机制、服务于经济和社会发展目的为指导、多元化创新立体、网络化创新进程和一体化创新目标的综合创新组织制度体系。其实证研究主要是运用非线性原理，描述系统之间的非线性互动关系。它的主要内容是描述创新系统的非线性交互行为。因此，国家创新体系就是在创新体制中建立起各种机构、角色之间的联系与协作，进而提升创新能力和水平，这也是系统辩证法原则在实践中的运用。

（三）借用人的外脑

在当今时代，领导者在决策和用人上的问题日益复杂化。在这种情况下，“谋”与“断”两个阶段所构成的就是复杂的决策过程。“谋”，即提出建议，制定计划；“断”，指的是权衡利弊，作出决断。领导者做出决定，就是要把所有的决策流程和各个环节都划分清楚。如创意阶段的搜集资料，多向思考的拟定阶段，领导者可以参与或不参与；而在选择和决断的时候，领导者必须要参与，不能交给别人。如果说领导的大脑是“内脑”，别人的大脑是“外脑”，那么，领导的创造性思想就是指领导者的内脑思维和专家学者的外脑思维的交互。要清楚地认识到，在整个决策过程中，内脑的作用占主导地位，而外脑的思维起到的是辅助作用。外脑的功能主要是“谋”，它的作用是帮助内脑做出决定，而内脑则是以“断”为主，根据外脑智慧来做出决定。

在做出决定时，占比更多的是外脑，而内脑更少。外脑更具代表性，能从各个角度、各个层面发现问题，能代表各方的利益和愿望，更能为他们提供更多的可行方案。内脑少了有利于将思想集中、统一，有利于节省开支，提高决策效率。要反映出先谋后断的特征和法则，必须首先进行外脑思维，然后再进行内脑思维。首先使用外脑，就是要征求各方的意见和建议，不要先定下基调、定下框架。后用内脑就是指在外脑思维的基础上，通过集思广益，凝聚民众的智慧来做出正确的决定。尤其要注意的是，外脑不必是专家和学者。在进行领导决策时，要根据决定的性质和需要，决定外脑的身份和占比。有时是专业技术人员作为外脑，有时是组织里的雇员和经理，如果需要的话，还可以召开听证会，让公司以外的相关人士参加。

（四）打破思维定势

思维定势是指在以往的活动经验中，所形成的知识和习惯，为未来的活动而做出的特殊的心理准备状态。思维定势对领导的创造性思维有利有弊，其对常规性思考有着极大的正向影响，却阻碍了创新思维的进行。一个领导者的知识结构，不管是从书本上学到的知识，还是从国外学到的知识，再到领悟上级的意图，甚至是自己的经验，都是一笔不可多得的精神财富。尤其是在面对类似于自身经验的情形时，思维模式可以起到正面的影响，即便面对完全不熟悉的问题，也能从原来的知识架构中找到答案。但也时常存在部分领导者不能充分利用思维定势正面效果的现象，他们不去注意环境的改变，只是照搬书本，说什么就引用什么，好像一切都要照着做；或者直接照搬上级的决定和指示，而不会按照部门的具体情况创造性地执行；或是固守以往的经验，寻求安稳。与此同时，领导者往往会为自己的决定辩护，根据原有的思维定势，将所选择的计划的优势放大，将其弱点放大，尽可能地从中找到对自己有利的信息，而不愿意获得负面的信息，从而对决策执行时的不断修正造成不利影响。思维定势是由过去的思维过程中养成的一种习惯。通常情况下，概念是对知识内涵的积累，而定势是认识形式和方法的积累。从根本上说，思维定势是思维进行的一种习惯。

在领导实际经验相对较多的情况下，这可能对他们的思维模式产生积极影响，也可能带来消极影响。如果将以往的经验绝对化，将局部的经验作为普遍性的经验四处套用，那么很容易陷入思维定势的消极影响之中。所以，要有目标地进行逆向思维，就是要自觉地从不同于思维的角度、方向去思考，突破过去固有的惯性和惰性。美国学者伯纳姆就如何进行逆向思考提出了“三问”：能不能取消？能不能合并？能不能取代？这三个问题适用于任何一件事情。在贝尔实验室里贝尔的塑像下，有一句伟大的谚语：“有时需要离开常走的大道，潜入森林，你就肯定会发现前所未有的东西。”莫泊桑也曾说过：“应该时刻躲避那些走熟的路，去寻找一条新路。”因此，领导者应采取过滤、检查、批判的态度，认真地审视、分析、评估自己，并收集别人对自己的思考的看法，并将二者进行对比，做出正确的判断。

参考文献

[1] 沈小滨 . 面对不确定，领导者如何做出好决策 [J]. 企业管理，2022（07）：22-26.

[2] 唐超 . 塑造催化型领导团队 [J]. 中国医院院长，2022，18（14）：90.

[3] 赵鑫，张泽林，岳理塘，等 . 探究企业中的经营战略与组织员工管理 [J]. 中国市场，2022（19）：91-93.

[4] 苗雪 . 论提升领导力应注意的几个问题 [J]. 中国市场，2022（19）：103-105.

[5] 侯本旗 . 管理变革、数字技术与数字化领导力 [J]. 中国金融电脑，2022（07）：17-20.

[6] 杨泽楠，郑慧慧 . 领导力模型在企业人力资源管理中的具体实践 [J]. 今日财富（中国知识产权），2022（06）：145-147.

[7] 谢利兵 .J 公司项目经理责任型领导力培养体系的优化研究 [D]. 广州：广州大学，2022.

[8] 伍刚 . 领导力和执行力在企业管理中的应用 [J]. 中国井矿盐，2022，53（03）：40-42.

[9] 王瑛 . 民营企业家领导力培养与提升策略研究 [J]. 中国管理信息化，2022，25（07）：119-121.

[10] 卫哲 . 要把“领导权”转变为“领导力”[J]. 支点，2022（05）：15.

[11] 陈晓暾，张蝶，王钰，等 . 基于价值共创视角的责任型领导作用机理研究 [J]. 价格理论与实践，2021（10）：189-192+196.

[12] 王丽芝 . 传统文化中的识人用人与企业领导力培养 [J]. 大庆社会科学，2022

（01）：113-116.

[13] 何博 . 关于大数据时代的企业领导力提升探讨 [J]. 商业观察，2022（03）：80-83.

[14] 王新革 . 提升国有企业领导人员执行力的思考 [J]. 北京石油管理干部学院学报，2021，28（06）：32-35.

[15] 戈成畅 . 浅析领导者与企业文化之间的关系 [J]. 现代商业，2021（28）：18-20.

[16] 韩丽，程云喜 . 企业数字化领导力面临的挑战、短板及提升路径 [J]. 领导科学，2021（19）：50-53.

[17] 蓝宁宁 . 企业领导力的塑造与提升案例研究 [J]. 企业改革与管理,2021（18）：108-110.

[18] 许旭，王毅，马千越 . 领导力模型在企业人力资源管理中的应用 [J]. 老字号品牌营销，2021（08）：99-100.

[19] 朱琳 . 企业中层管理者领导力提升路径研究 [J]. 现代商业，2021（14）：87-89.

[20] 谢炀 . 创新思维对于提升领导力的重要性和培养途径 [J]. 中小企业管理与科技（下旬刊），2020（10）：102-103.

[21] 黄刚，郭飞 . 量子领导力：理论基础、思维逻辑、内涵与特征 [J]. 中国人事科学，2020（06）：64-71.

[22] 赵媛，郭勇 . 现代企业领导力体系搭建理论和实践研究 [J]. 中国商论，2020（05）：217-219.

[23] 常花蕾 . 基于大数据时代的企业领导力提升研究 [J]. 现代商业，2020（02）：122-124.

[24] 刘洋 . 应对企业变革的企业领导力重塑 [J]. 现代商业，2020（01）：93-95.

[25] 徐菱香 . 以领导力赋能卓越管理 [J]. 城市开发，2019（17）：70-71.

[26] 李一鸣 . 新时代背景下的铁路企业新一代青年管理者领导力的提升 [J]. 财富时代，2019（08）：126-127.

[27] 钟红丹 . 浅析企业战略对企业领导力的影响 [J]. 全国流通经济，2019（20）：

109-111.

[28] 杨馥瑄 . 领导力和执行力在企业管理中的应用 [J]. 企业改革与管理，2019（09）：35+41.

[29] 贾泽民，曹伟彬，陈则林 . 浅析如何提升中小企业领导力 [J]. 商讯，2019（14）：183+185.

[30] 杨馥瑄 . 企业管理者领导力的提升对策思考 [J]. 企业科技与发展，2019（04）：228-229.